城市轨道交通——现代有轨电车技术丛书

现代有轨电车服务礼仪

主　编　葛　静

副主编　张　霞　张小军

参　编　刘思琦　陈跃威　丁　晓
倪　茜　邱　新　孙　杰
吴　琼　洪　叶　张　洁　薛亚玮

西南交通大学出版社
·成　都·

图书在版编目（CIP）数据

现代有轨电车服务礼仪 / 葛静主编. —成都：西南交通大学出版社，2021.3
（城市轨道交通：现代有轨电车技术丛书）
ISBN 978-7-5643-7992-6

Ⅰ. ①现… Ⅱ. ①葛… Ⅲ. ①有轨电车－服务人员－礼仪 Ⅳ. ①F572

中国版本图书馆 CIP 数据核字（2021）第 040588 号

城市轨道交通——现代有轨电车技术丛书
Xiandai Yougui Dianche Fuwu Liyi
现代有轨电车服务礼仪

主　编／葛　静

责任编辑／李芷柔
封面设计／吴　兵

西南交通大学出版社出版发行
（四川省成都市金牛区二环路北一段 111 号西南交通大学创新大厦 21 楼　610031）
发行部电话：028-87600564　028-87600533
网址：http://www.xnjdcbs.com
印刷：四川森林印务有限责任公司

成品尺寸　185 mm × 260 mm
印张　9.5　　字数　236 千
版次　2021 年 3 月第 1 版　　印次　2021 年 3 月第 1 次

书号　ISBN 978-7-5643-7992-6
定价　38.00 元

前　言

近年来，我国现代有轨电车高速发展，现代有轨电车具有安全、快捷、环保、运量大等运输特点。当今，企业之间的竞争已经不再是产品间的竞争，而是服务间的竞争。良好的服务礼仪是企业树立良好形象和提高竞争能力的有效手段。随着市场经济的发展，企业的服务竞争不断升级，作为礼仪重要组成部分的服务礼仪是现代有轨电车运营企业所有员工应当具备和严格遵守的行为规范和标准。

本书由现代有轨电车服务礼仪概述、现代有轨电车工作人员仪容仪表礼仪、现代有轨电车工作人员仪态礼仪、语言艺术和沟通技巧、岗位服务礼仪、服务心理学六篇组成。

本书具有以下特点：

第一，本书根据我国现代有轨电车客运服务的特点和行业服务标准与规范，结合国内现代有轨电车运营的实际情况进行组织编写。

第二，本书叙述通俗易懂，内容繁简适中，图文并茂，板块丰富，版面生动，使阅读轻松、有趣。

本书可以作为高等职业学校铁路运输管路专业、现代有轨电车运营专业、城市轨道交通运营管理等相关专业教材，可供高校、高职和中职轨道交通类各专业的公共基础课教学选用，也可以作为现代有轨电车行业岗位培训或自学用书，同时也可供轨道交通行业的服务或管理人员学习参考。

本书由葛静主编，摄影为郑亚鹏、王金媛；图片美工为朱正军。

在编写的过程中，编者参阅了大量近年来出版的相关教材、专业著作及其他文献资料，并从中汲取了有价值的材料和观点，在此特作说明，并向有关编著者表示感谢。

由于编者水平有限，书中难免有疏漏、不足之处，欢迎各专家、学者、同行、院校师生及广大读者批评指正。

编　者

2020 年 11 月

目录

第一篇　现代有轨电车服务礼仪概述

导　读

礼仪源于各个民族，是在社会、国家长期发展过程中形成的，是人们在社会交往活动中应遵守的行为规范与准则。礼仪有着丰富而复杂的内涵。

第一节　礼仪基础理论

泱泱大国，礼仪之邦，中华文化源远流长，在中华民族的发展历程中，礼仪的作用和影响非常深远。学礼、知礼、用礼已成为现代有轨电车服务工作人员提供优质服务的必要保障。

一、礼仪起源

1. 中华礼仪的起源

中国拥有五千年文明史，素有“礼仪之邦”的美誉。礼仪文明作为中国传统文化的一个重要组成部分，对中国社会历史发展起了广泛而深远的影响。

礼仪所涉及的范围十分广泛，几乎渗透于中国古代社会的各个方面。礼仪究竟何时何故而起？自古以来，人们对此做过种种探讨，归纳起来大体有五种礼仪起源说：一是天神生礼仪；二是礼为天、地、人的统一体；三是礼产生于人的自然本性；四是礼为人性和环境矛盾的产物；五是礼生于理，起于俗。

早在孔子以前，人们认为已有夏礼、商礼、周礼三代之礼，因革相沿，到周公时代的周礼，已比较完善。直到春秋战国时期，相继涌现出孔子、孟子、荀子等思想巨人，发展和革新了礼仪理论。孔子是我国历史上重要的礼仪学专家，相传他整理的《仪礼》，详细记录了春秋以前贵族生活的各种礼节仪式。孔子把“礼”作为治国安邦的基础，他主张“为国以礼”“克己复礼”，并积极倡导人们“约之以礼”，做“文质彬彬”的君子。孔子较系统地阐述了礼及礼仪的本质与功能，把礼仪理论提高到一个新的高度。

孟子是战国时期儒家主要代表人物。在政治思想上，孟子把孔子的“仁学”思想加以发展，并把仁、义、礼、智作为基本道德规范，他还认为“辞让之心”和“恭敬之心”是礼的发端和核心。

荀子是战国末期的思想家。他说：“礼者，人道之极也。”把礼看作做人的根本目的和最高理想，他强调：“人无礼则不生，事无礼则不成，国无礼则不宁。”

非儒家的诸子亦重视“礼”，管仲就把“礼”看作人生的指导思想和维持国运的支柱，后人将其思想归纳为：“礼义廉耻，国之四维，四维不张，国乃灭亡。”

汉代时，孔门后学编撰的《礼记》问世。盛唐时期，《礼记》由“记”上升为“经”。《周礼》《仪礼》和孔门后学编的《礼记》，合称“三礼”，是中国古代最早、最重要的礼仪著作，标志着礼仪从发展到成熟阶段。

我国古代“礼”的概念，包含着丰富的内容，大体可归结为三个层面：

一是指治理奴隶制、封建制国家的典章制度；

二是古代社会生活所形成的作为行为规范和交往仪式的礼制及待人接物之道；

三是对社会成员具有约束力的道德规范（包括自身修养）。

纵观我国礼仪内容和形式的演变与发展，可以看出“礼”和“德”不但是统治者权力的中心支柱，而且其在几千年的历史发展中形成了许多有广泛社会性与强大号召力的优良道德规范和人际交往的礼节仪式及生活准则，并且已成为中华民族共同的财富，对中华民族精神素质的修养起了极其重要的作用。

知识窗

礼仪发展

西周时期：我国的古代礼仪已基本成型。

春秋战国时期：孔子集大成并发扬光大。

现在礼仪：继承我国古代礼仪精华，汲取国际通用礼仪的优势。

2. 西方礼仪的起源

在西方，礼仪一词来自法语的 Etiquette，原意为“法庭上的通行证”。后来被英文吸收，其意义延伸为“人际交往的通行证”。

西方礼仪最早萌芽在中古世纪希腊。在古希腊的文献典籍，如苏格拉底、柏拉图、亚里士多德等先哲的著述中，都有很多关于礼仪的论述。礼仪最初为宫廷规矩，中世纪是其发展的重要时期。文艺复兴以后，欧美的礼仪有了新的发展，从上层社会对遵循礼节的烦琐要求变为对优美举止的赞赏。到现代，西方国家将其在人们生活中日趋合理化、规范化，并形成体系，被国际社会认可，从而形成了西方国家共同遵循的礼仪规范。

西方的文明史，同样在很大程度上表现着人类对礼仪追求及其演进的历程。人类为了维持与发展血缘亲情以外的各种人际关系，避免“格斗”或“战争”，逐步形成了各种与“格斗”“战争”有关的动态礼仪。如为了表示自己手里没有武器，让对方感觉到自己没有恶意而创造了举手礼，后来演进为握手；为了表示自己的友好与尊重，愿在对方面前“丢盔卸甲”，于是创造了脱帽礼；等等。

历史发展到今天，传统的礼仪文化不但没有随着市场经济发展和科技现代化被抛弃，反而变得更加多姿多彩，国家有国家的礼制，民族有民族独特的礼仪习俗，国际上也有各国共同遵守的礼仪惯例，各行各业都有自己的礼仪规范程式等。

总之，礼仪是人类文明的产物，它随着人类漫长的发展史而日渐成熟。随着社会的发展，中西文化的不断融合，我国在传统礼仪的基础上，也借鉴了一些西方的礼仪文明。无论是借鉴西方的礼仪，还是继承发扬我国的传统礼仪，都是以促进人类文明的发展、提高人类文明素质为目的的。

二、礼仪内涵

1. 礼仪的概念

礼仪是一个复合词，由“礼”和“仪”两部分组成。

礼，在汉语中本意为敬神，后引申为敬人，是表示敬意的通称。仪，《说文解字》道“仪，度也”，本意为法度，准则、典范，后引申为礼节、仪式和仪表。

“仪”是“礼”的具体表现形式，它是依据“礼”的规定和内容，形成的一套系统而完整的程序。礼仪概括说，是礼节和仪式的总称。

古人讲“礼者敬人也”，礼仪是待人接物的行为规范，也是交往的艺术。它是人们在社会交往中由于受历史传统、风俗习惯、宗教信仰、时代潮流等因素影响而形成，既为人们所认同，又为人们所遵守，以建立和谐关系为目的的各种符合公民道德行为规范及要求的行为准则或规范的总和。

礼仪的内涵主要有以下几点：

（1）礼仪是一种行为准则或规范。它是一种程序，表现为一定的章法。

（2）礼仪是一定社会关系中人们约定俗成、共同认可的行为规范。在人们的交往活动中，礼仪首先表现为一些不成文的规矩、习惯，然后才逐渐上升为大家认可的，可以用语言、文字、动作进行准确描述和规定的行为准则，并成为人们有章可循、可以自觉学习和遵守的行为规范。

（3）礼仪是一种情感互动的过程。在礼仪的实施过程中，既有施礼者的控制行为，也有受礼者的反馈行为。礼是施礼者与受礼者互相尊重、情感互动的过程。

（4）礼仪的目的是实现社会交往各方面的互相尊重，从而达到人与人之间关系的和谐。在现代社会，礼仪可以有效地展现施礼者和受礼者的教养、风度与魅力，它体现着一个人对他人和社会的认知水平、尊重程度，是一个人的学识、修养和价值的外在表现。只有处于互相尊重的环境中，人与人之间的和谐关系才能建立并逐步发展。

小喇叭

当你走出家门　肩上就扛着家庭的荣辱

当你走出校门　肩上就扛着学校的荣辱

当你走出国门　肩上就扛着国家的荣辱

（二）礼仪与礼貌、礼节的关系

礼貌是指人们在交往过程中表示敬重、谦虚、恭敬、友好的言谈和行为，它体现一个人的基本品质。礼貌的外部表现主要是仪表仪容适度修饰、姿态举止端庄得体、态度亲切和蔼、说话文明谦虚恭敬、待人接物彬彬有礼，如尊老爱幼、热情待客等。

礼节是指人们在日常生活和交际过程中，相互表示问候、致意、致谢、慰问等惯用形式或具体规定的总和。礼节是礼貌的具体表现方式，具有形式化的特点，主要是指日常生活中的个体礼貌行为。如熟人路遇相互打招呼、宾主见面相互握手、逢年过节互相拜访、亲朋好友遇喜事送礼物、宴会中相互敬酒、对遭遇病痛灾难的人们进行慰问等。

礼仪与礼貌、礼节既有区别，又相互联系（如图 1-1 所示）。礼貌、礼节、礼仪都属于礼的范畴。礼貌、礼节、礼仪三者尽管名称不同，但都是人们在相互交往中表示尊敬、友好的行为，其本质都是尊重。三者相辅相成，有礼貌而不懂礼节，往往容易失礼；谙熟礼节却流于形式，充其量只是客套。礼貌是礼仪的基础；礼节是礼仪的基本组成部分，是礼貌的具体表现方式；礼仪在层次上要高于礼貌、礼节，其内涵更深、更广，它是由一系列具体表现礼貌的礼节所构成的，是一个系统而完整的过程。

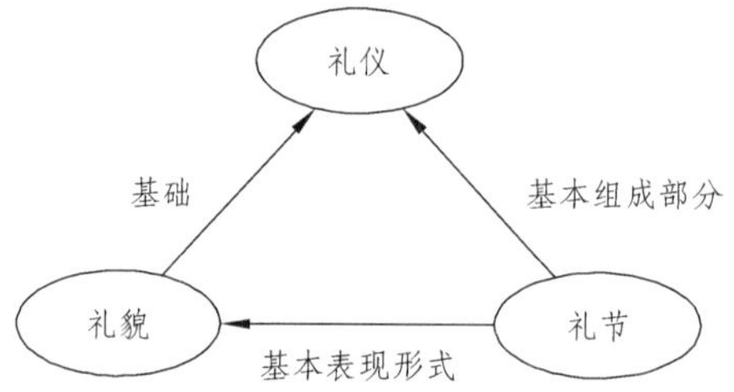

图 1-1　礼仪、礼貌、礼节三者关系

三、礼仪原则

在服务礼仪中，有一些具有普遍性、共同性、指导性的礼仪规律。这些礼仪规律，就是礼仪的原则。

1. 遵守原则

遵守原则是对服务工作人员提出的基本要求，要求每一位从业人员都必须自觉、自愿地遵守执行，用礼仪去规范自己在服务过程中的言谈举止。只有遵守礼仪规范，才能赢得乘客的认可。

2. 尊重原则

孔子说“礼者，敬人也”，这是对礼仪的核心思想的高度概括。所谓尊重原则，就是要求我们在服务过程中，要将对乘客的重视、恭敬、友好放在第一位，这是礼仪的重点与核心。因此在服务过程中，首要的原则就是敬人之心常存，掌握了这一点，就等于掌握了礼仪的灵魂。在服务过程中，只要不失敬人之意，哪怕具体做法一时有些失当，也较容易获得服务对象的谅解。

3. 真诚原则

服务礼仪所讲的真诚原则，就是要求在服务过程中，必须待人以诚，只有如此，才能表达对乘客的尊敬与友好，才会更好地被服务对象所理解、所接受。与此相反，倘若仅把礼仪作为一种道具和伪装，在具体操作礼仪规范时口是心非、言行不一，则有悖礼仪的基本宗旨。

4. 一视同仁原则

服务过程中的“一视同仁”指所有乘客都应该受到尊重，以礼待人。在具体运用礼仪时，可以根据不同的服务对象，采取不同的礼仪形式，但是在对乘客表示恭敬和尊重的态度上一定要一视同仁。

5. 自律原则

礼仪的最高境界是自律，即在没有任何监督的情况下，仍能自觉地按照礼仪规范约束自己的行为。服务工作人员不仅要了解和掌握具体的礼仪规范，而且要在内心树立起一种道德信念和行为修养，从而获得内在的力量。在服务中，进行自我检查、自我要求、自我约束、自我反省，把礼仪的规范变成自觉的行为、内在的素质，是礼仪的基础和出发点。

6. 宽容原则

礼仪的宽容原则的基本含义，是要求我们在服务过程中，既要严于律己，更要宽以待人。要多体谅他人，多理解他人，学会与服务对象进行心理换位，千万不要求全责备、咄咄逼人。当乘客确实有过错时，我们要“得理也让人”，学会宽容对方，让乘客体面。这实际上也是尊重对方的一种表现。

7. 从俗原则

由于地域、民族、文化背景的不同，在人际交往中，实际上存在着“十里不同风，百里不同俗”的局面。这就要求乘务工作者在服务工作中，对礼仪文化、礼仪风俗以及宗教禁忌要有全面、准确的了解，才能够在服务过程中得心应手，避免出现差错。

8. 合宜原则

现代礼仪强调人际交往与沟通一定要适度，注意技巧，合乎规范，把握分寸，牢记凡事过犹不及的道理。因此在应用礼仪时，要特别注意在不同的情况下，礼仪程度、礼仪方式的区别，坚持因时、因地、因人的合宜原则。

案 例

金星吐槽某航空服务——“橙汁儿”事件

下面是“橙汁儿”事件文字版叙述。

金星：大家都知道，我们某航的空乘小姐漂亮！选得跟人尖子似的！那小姐长得比飞机还漂亮！训练得也挺好。上飞机了以后，小礼服穿着，制服穿着，在那看着你。飞机起来了以后，小姐们推着饮料车，走到跟前。

空姐：Would you like something to drink, coffee, tea or coca cola?

金星内心独白：不错啊！彬彬有礼的，英语也不错。一看，倒完了，很有礼貌。客人道完谢了，走过去了以后到这边。

金星内心独白：我装作听不懂的样子。

空姐：喝什么？

金星内心独白：我往后面看。

空姐：喝什么？

金星内心独白：刚才那个彬彬有礼，这怎么……哦！明白了，刚才那个是老外，这面是我们自己同胞，一见同胞就换了一副面孔。就在那："喝什么？"

金星：啊哟嘿！我一看小丫头片子，还有两幅面孔，看到姐这儿姐怎么收拾你！

一会儿过来了，走到我这来了，上下瞄了我一眼。

空姐：喝什么？

金星：Sorry，I don't understand .

空姐：我问你喝什么？

金星：Sorry！I don't understand .

空姐立马换了一副面孔，热切地问：Would you like something to drink, coffee, tea or coca cola?

金星：我瞄了她一眼说"橙汁儿！"

思考：该名空乘人员在服务过程中存在哪些问题？

四、礼仪分类

按照应用范围和适用对象的不同，礼仪一般可以分为政务礼仪、商务礼仪、服务礼仪、社交礼仪、涉外礼仪五大类。

1. 政务礼仪

政务礼仪是国家公务员在行使国家权力和管理职能时所必须遵循的礼仪规范。

2. 商务礼仪

商务礼仪是在商务活动中体现相互尊重的行为准则，核心是用一种行为准则来约束人们日常商务活动的方方面面。商务礼仪的核心作用是体现人与人之间的相互尊重。

3. 服务礼仪

服务礼仪是指服务行业的从业人员应具备的基本素质和应遵守的行为规范，主要适用于服务行业的从业人员等从事服务工作的人士。

4. 社交礼仪

社交礼仪，亦称交际礼仪，是指人们在人际交往过程中表示尊重、友好的行为规范和惯用形式，是人们应具备的基本素质和交际能力。

5. 涉外礼仪

涉外礼仪，亦称国际礼仪，是指在长期的国际往来中，逐步形成的外事礼仪规范，也就是人们参与国际交往所要遵守的惯例，是约定俗成的做法。它强调交往中的规范性、对象性、技巧性。

按照行业划分的政务礼仪、商务礼仪和服务礼仪等，是人们在工作岗位上所应遵守的行为规范和道德准则，亦可称之为行业礼仪或职业礼仪。

按照交往范围划分的社交礼仪、涉外礼仪等，是人们在人际、国际交往中应遵守的礼仪规范和准则，亦可称之为交往礼仪。

第二节　现代有轨电车服务礼仪的基础理论

现代有轨电车服务礼仪的基本理论主要指高度概括的现代有轨电车服务礼仪的一般规律。

现代有轨电车服务礼仪是礼仪在有轨电车服务中的具体运用，是指现代有轨电车运营企业的员工在服务工作中的各个环节应遵守的行为规范。现代有轨电车客运人员是直接为广大乘客提供服务的，有形、规范、系统的服务礼仪，能让服务工作人员在与乘客交往中赢得理解、好感和信任。

现代有轨电车工作人员应学习并掌握服务礼仪的基本理论，更好地领会、运用服务礼仪，并且在实践中将其融会贯通。

一、现代有轨电车服务礼仪含义

1. 现代有轨电车的概念

有轨电车，亦称路面电车，简称电车。它是采用电力驱动并在轨道上行驶的轻型轨道交通车辆，是一种公共交通工具，属轻铁的一种。列车一般不超过五节，电车用电力驱动，车辆不会排放废气，因而是一种无污染的环保交通工具。

现代有轨电车是介于列车（包括地铁）和公交车之间的产物，作为城市新型的、先进的公交方式，现代有轨电车相较于旧式有轨电车，不但具有鲜明的现代化外形及色彩，而且车辆重量轻、速度快，设备更先进，更加现代化、人性化，具有运行可靠、舒适、节能、环保等特点（如图 1-2 所示）。

图 1-2　现代有轨电车

2. 服务礼仪的概念

服务礼仪是各服务行业人员必备的基本素质和应遵守的行为规范，是对服务对象的尊重和友好的具体表现，在服务中要注重的仪容、仪表、仪态和语言、操作的规范。服务礼仪是体现服务的具体过程和手段，使无形的服务有形化、规范化、系统化。

3. 现代有轨电车服务礼仪的概念

现代有轨电车服务礼仪是礼仪在有轨电车服务中的具体运用，现代有轨电车运营企业通过服务礼仪来展示和体现服务理念和服务追求，它是从业人员在自己的岗位上完成本职工作所应具备和严格遵守的行为规范。简单地说，现代有轨电车服务礼仪就是现代有轨电车服务人员在工作场合使用的礼仪规范和工作艺术。

二、现代有轨电车服务礼仪特征

1. 规范性

规范性是现代有轨电车服务礼仪的一个极为重要的特征。礼仪是一种规范，它不是人们主观臆断形成的结果，而是人们在交际场合必须采用的一种“通用语言”。由于现代有轨电车服务涉及的区域广，服务对象众多，很难做到一对一的特色服务，因此有严格严谨的服务规范作为指导，才能确保服务产品的整体质量和水平。

2. 先进性

现代有轨电车是集先进技术、先进理念、先进管理、先进服务等为一体的现代交通运输方式。它具有投资少、建设周期短、运行效率快、运载量大、自动化程度高等特征。它是各大城市公共交通的骨干，是“节能环保”“绿色出行”的先进代表，因此对于服务而言，自然要有先进的服务过程与之匹配。所以现代有轨电车服务礼仪具有先进性的特征。

3. 时代性

人类的礼仪文化源远流长。在礼仪的形成与发展中，礼仪文化的发展是一个扬弃的过程，是一个演进的过程。例如“小姐”曾经是大家闺秀的代名词，可到了 20 世纪 90 年代后，再称呼女乘客为“小姐”则会引起女乘客极度不悦，于是在现代服务礼仪中对年轻女性的称谓从“小姐”改称为“女士”。因此服务礼仪要与时俱进。

4. 灵活性

服务礼仪的规范是具体的，但不是死板的、教条的，它是灵活的、可变的。客运服务人员应该在不同的场合下，根据服务对象的不同特点，用艺术和智慧服务，灵活地处理。

三、现代有轨电车服务礼仪原则

1. 用心用情服务的原则

用心用情服务的原则即要求服务人员把服务当成心爱的事业，把乘客当成亲人，投入真情，心怀感恩之心，为乘客提供体贴入微的服务，以真诚赢得乘客认可。细心、精心、留心服务，让乘客舒心，最后达到价值双赢，这种服务叫“优质服务”。

迎接乘客要热情。服务好乘客的思想是服务的灵魂，第一印象至关重要，服务人员要注重礼仪，主动迎接乘客开口说“您好”，“请”字用在前，让乘客感到被尊重、感到热情。一声问候、一张笑脸、一次礼让，能让乘客有一个愉快的心情。对于服务人员来说，只有说好第一字、展现第一笑、站好第一岗，才能迈好服务工作第一步。

对待乘客要真情。乘客在乘车时会遇到这样或那样的困难，服务人员要换位思考，真情待客，主动及时为乘客排忧解难，耐心解答乘客的每一个问题。

案 例

用情动人，以礼服人

一次北京至珠海航班上，头等舱是满客，还有 5 名 VIP 旅客。乘务组自然是不敢掉以轻心。

2 排 D 座是一位外籍旅客，入座后对乘务员还很友善，并不时和乘务员做鬼脸儿开开玩笑。起飞后这名外籍客人一直在睡觉，乘务员忙碌着为 VIP 一行和其他客人提供餐饮服务。然而两个小时后，这名外籍旅客忽然怒气冲冲地走到前服务台，大发雷霆，用英语对乘务员说道："两个小时的空中旅程里，你们竟然不为我提供任何服务，甚至连一杯水都没有！"说完就返回座位了。旅客突如其来的愤怒使乘务员们很吃惊。头等舱乘务员很委屈地说："乘务长，他一直在睡觉，我不便打扰他呀！"说完立即端了杯水送过去，被这位旅客拒绝；接着她又送去一盘点心，旅客仍然不予理睬。作为乘务长，眼看着飞机即将进入下降阶段，不能让旅客带着怒气下飞机。于是灵机一动和头等舱乘务员用水果制作了一个委屈脸型的水果盘，端到客人的面前，慢慢蹲下来轻声说道："先生，我非常难过！"旅客看到水果拼盘制成的"脸"很吃惊："真的？为什么难过呀？""其实在航班中我们一直都有关注您，起飞后，您就睡觉了，我们为您盖上了毛毯，关闭了通风孔，后来我发现您把毛毯拿开了，继续在闭目休息。"旅客情绪开始缓和，并微笑着说道："是的！你们如此真诚，我误解你们了，或许你们也很难意识到我到底是睡着了还是闭目休息，我为我的粗鲁向你们道歉，请原谅！"说完他把那片表示难过的西红柿片旋转 180 度，果盘中的"人脸"立即展现出了一个开心的笑。

引导乘客要知情。客运人员要了解乘客心理，及时向乘客进行温馨提示，将线路、方向、安全注意事项等内容，在电车到来前提前告知乘客，让其明明白白上车。

2. 乘客至上的原则

乘客至上的原则，要求现代有轨电车客运服务工作人员从乘客乘车那一刻起，时时处处为乘客着想，为乘客行方便，为乘客谋利益，要怀有"以客为主"的观念，确立"服务为本，乘客至上"的意识，全心全意为乘客服务，这样现代有轨电车企业才能走得更远、更好。

3. 服务有度的原则

现代有轨电车工作人员在对乘客热情服务的过程中，必须有"度"的限制，做到热情有度、距离有度。

所谓"热情有度"就是要求服务人员与乘客接触时，既要注意为人热情，以示友善之意，也要充分把握好具体分寸，否则就有可能事与愿违。

“距离有度”的具体含义是指在服务过程中，服务工作人员应视服务场合、工作内容的不同，与乘客保持适度的空间距离。若与乘客相距过近，会令乘客产生其私人空间被“侵犯”之感；若与乘客相距过远，则又会令乘客感到被有意冷落。适度的距离可参考以下标准：服务距离一般应该保持在 0.5 ~ 1.5 米；引导距离一般应该保持在 1.5 米左右；待命距离一般应该保持在 3 米以上；展示距离一般应该保持在 1 ~ 3 米；禁忌距离切不可小于 0.5 米。

4. 持之以恒的原则

现代有轨电车服务礼仪作为从业人员的行为规范，要求服务工作人员进行系统的岗位培训，规范服务，善于保持心理平衡，维系良好的服务心态，将职业要求逐渐形成职业习惯。只有持之以恒的不懈努力才能得到乘客的信任、认可。

四、现代有轨电车服务礼仪的意义

现代有轨电车服务礼仪的意义有以下五个方面。

1. 展示城市、区域形象的窗口

作为交通服务行业，现代有轨电车服务人员在服务的过程中时刻代表着城市、区域的形象。乘客对服务礼仪的评价，直接影响到乘客对城市或区域的印象。因此，现代有轨电车服务礼仪显得格外重要。

2. 塑造企业形象的有力工具

人们对企业的认识源于该企业为服务对象提供的服务。优质的现代有轨电车服务礼仪可以塑造和完善企业整体形象，能够提升企业文化内涵和品牌效应。所以，现代化的企业管理中，企业需要重视服务礼仪，要求员工按照服务礼仪的标准服务。企业每一位员工也应自觉维护企业形象，具备强烈的集体意识和形象意识，深刻认识到个人形象代表企业形象，个人行为是企业形象、企业文化、企业道德水平的外在表现。

3. 增强企业竞争力，赢得市场

在产品差异化越来越小的今天，企业之间的竞争不再仅仅是有形产品间的竞争，而更多的是服务间的竞争。比尔·盖茨曾经说过：“企业竞争，是员工素质的竞争。”他认为员工素质的高低反映了一个企业的整体水平和可信程度。随着城市轨道交通的发展，乘客出行方式的选择更为丰富，一部分人会选择乘坐地铁、轻轨等其他交通工具。因此作为现代有轨电车企业，面临着严峻的市场竞争。如何增强自己的核心竞争力，如何赢得客源市场是现代有轨电车运输发展面临的新挑战。学习服务礼仪是市场竞争的需要，是现代有轨电车企业增强企业竞争力的有效手段，也是赢得市场的重要环节。

4. 为企业创造更多的经济效益和社会效益

良好的企业形象是企业的无形资产，这种企业形象是企业创造效益的关键。对于服务性行业，高素质的员工提供高质量的服务，有助于企业创造更多的经济效益。企业已经意识到良好的服务礼仪，不仅可以带来可观的经济效益，还可以创造更多的社会效益。服务礼仪的完善，能够促进社会文明的进步和民主的发展，能够促使社会更加和谐、世界更加美好。

5. 有助于提高服务工作人员服务水平和服务质量

服务质量是指服务工作能够满足被服务者需求的程度，它是企业管理水平的综合反映。服务质量的是判断企业管理水平的重要手段，而服务礼仪是衡量服务质量的重要标准。良好的服务礼仪充分体现着现代有轨电车服务人员的服务水平。规范服务礼仪，意在通过从业人员服务礼仪的提升从而提高该行业的服务质量。而现代有轨电车从业人员服务礼仪的提升，体现了服务水平和服务质量的提高。

五、现代有轨电车服务礼仪的内容

运营现代有轨电车的目的就是满足乘客位移需求，现代有轨电车企业为乘客提供安全、可靠、舒适、快捷的客运服务。所以说，现代有轨电车服务礼仪的对象就是选择乘坐现代有轨电车作为交通工具的广大乘客。

乘客乘车流程如图 1-3 所示。

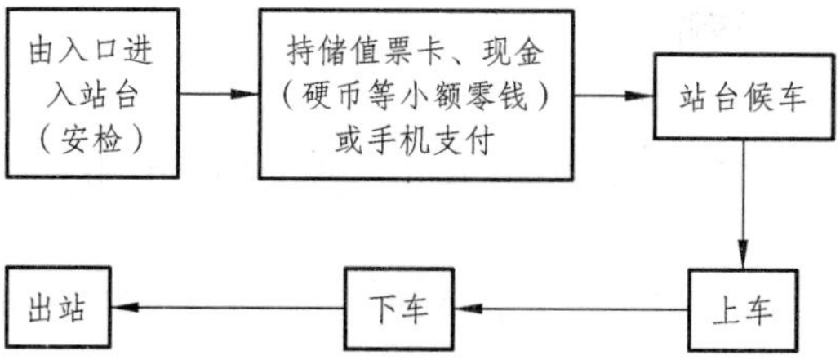

图 1-3　乘客乘车流程

通过流程图可以看出，现代轨道交通服务礼仪涉及的环节很多，贯穿乘客的入站、购票、候车、下车到最后出站全程，乘客会结合整体的服务体验给出一个最终的评价。所以，现代有轨电车服务礼仪包含的内容很多，主要包括现代有轨电车服务人员的职业礼仪、仪容仪表礼仪、仪态礼仪、语言沟通技巧、岗位服务礼仪等。

现代有轨电车企业为了保障优质的服务质量，结合乘客需要，制定出现代有轨电车车站客运服务内容，如图 1-4 所示。

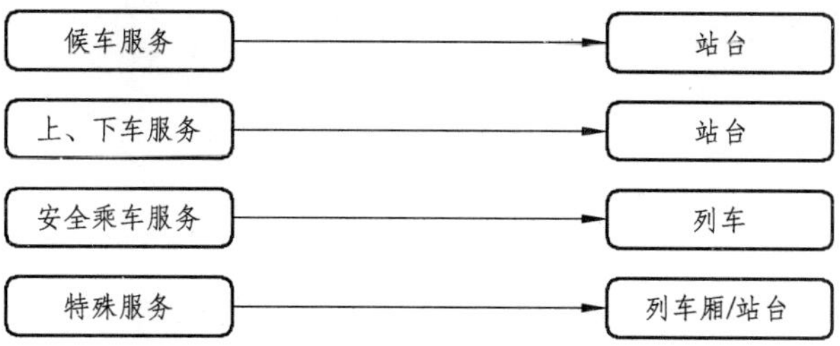

图 1-4　现代车站有轨电车客运服务内容

在其中的每个具体的环节上，现代有轨电车服务礼仪对于服务人员的工作都有详细的规定和特殊的要求。

拓展阅读

中国古代的礼仪

《周礼》中有“五礼”之说，即祭祀之事为吉礼，冠婚之事为嘉礼，宾客之事为宾礼，军旅之事为军礼，丧葬之事为凶礼。

民俗界认为礼仪包括生、冠、婚、丧四种人生礼仪。实际上礼仪可分为政治与生活两大类。政治类包括祭天、祭地、宗庙之祭，祭先师先圣、尊师乡饮酒礼、相见礼、军礼等。生活类礼仪的起源，按荀子的说法有“三本”，即“天地生之本”“先祖者类之本”“君师者治之本”。在礼仪中，丧礼的产生最早。丧礼于死者是安抚其鬼魂，于生者则成为分长幼尊卑、尽孝正人伦的礼仪。

一、古代政治礼仪

1. 祭天

祭天始于周代，也叫郊祭，冬至之日在国都南郊圜丘举行，表明君权神授。

2. 祭地

夏至是祭地之日，礼仪与祭天大致相同。后世称地神后土为地母，说她是赐福人类的女神，先秦时也将其当作社神。祭地礼仪还有祭山川、祭土神、谷神、社稷等。

3. 宗庙之祭

宗庙制度是祖先崇拜的产物。《礼记》中的宗庙制是天子七庙，诸侯五庙，大夫三庙，士一庙，庶人不准设庙。宗庙的位置也不同，天子、诸侯设于门中左侧，大夫则庙左而右寝，庶民则是在寝室中或灶堂旁设祖宗神位。庙中的神主是木制的长方体，祭祀时才摆放，祭品不能直呼其名。祭祀时行九拜礼，“稽首”“顿首”“空首”“振动”“吉拜”“凶拜”“奇拜”“褒拜”“肃拜”。

4. 祭先师先帝

汉魏以后，以周公为先圣，孔子为先师。唐代尊孔子为先圣，颜回为先师。唐宋以后一直沿用“释奠”礼，作为学礼，也作为祭孔礼，各地郡学也设孔庙。明代称孔子为“至圣先师”。清代，称孔子“大成至圣文宣先师”。

5. 相见礼

下级向上级拜见时要行拜见礼，官员之间行揖拜礼，公、侯、驸马相见行两拜礼，下级居西先行拜礼，上级居东答拜。平民相见，依长幼行礼，幼者施礼。外别行四拜礼，近别行揖礼。

6. 军礼

军礼包括征伐、征税、狩猎、营建等。

二、古代生活礼仪

1. 诞生礼

从妇女未孕时的求子到婴儿周岁，这些礼仪都围绕着长命的主题。高禖之祭就是一种乞子礼仪。诞生礼还包括“三朝”“满月”“百日”“周岁”等。三朝是婴儿降生三日时接受各方面的贺礼。满月在婴儿满一个月时为之剃胎发。百日时行认舅礼、命名礼。周岁时行抓周礼，以预测小儿一生命运、事业吉凶。

2. 成年礼

成年礼也叫冠礼，是跨入成年人行列的男子加冠礼仪。冠礼从氏族社会盛行的男女青年发育成熟时参加的成丁礼演变而来。汉代沿袭周代冠礼制度。魏晋时，加冠开始用音乐伴奏。唐宋元明都实行冠礼，清代废止。

3. 飨燕饮食礼仪

飨在太庙举行，烹太牢以饮宾客，重点在礼仪往来而不在饮食；燕即宴，燕礼在寝宫举行，主宾可以开怀畅饮。燕礼对中国饮食文化形成有深远的影响。节日设宴在中国民间食俗上形成节日饮食礼仪。正月十五吃元宵，清明节吃冷饭寒食，五月端阳吃粽子、喝雄黄酒，中秋吃月饼，腊八节喝腊八粥，辞岁吃饺子等，都是节日饮食礼仪。

4. 宾礼

宾礼主要是对客人的接待之礼。与客人往来的馈赠礼仪有等级差别。士相见，宾见主人要以雉为贽；下大夫相见，以雁为贽；上大夫相见，以羔为贽。

5. 五祀

五祀指祭门、户、井、灶、中霤（中室）。周代是春祀户，夏祀灶，六月祀中霤，秋祀门，冬祭井。汉魏时按季节行五祀，孟冬三月“腊五祀”，总祭一次。唐、宋、元时采用“天子七祀”之说，祀司命（宫中小神）、中霤、国门、国行、泰厉（野鬼）、户、灶。明清两代仍祭五祀，清康熙之后，罢去门、户、中霤、井的专祀，只在腊月二十三日祭灶。

在礼仪的建立与实施过程中，孕育出了中国的宗法制。礼仪的本质是治人之道，是鬼神信仰的派生物。古时人们认为一切事物都有看不见的鬼神在操纵，履行礼仪即是向鬼神讨好求福。因此，礼仪起源于鬼神信仰，也是鬼神信仰的一种特殊体现形式。

“三礼”（《仪礼》《礼记》《周礼》）的出现标志着礼仪发展进入成熟阶段。宋代时，礼仪与封建伦理道德说教相融合，即礼仪与礼教相杂，成为实施礼教的得力工具之一，当时行礼为劝德服务，繁文缛节极尽其能。而礼仪发展到今天，无论国家政治生活的礼仪还是人民生活的礼仪，都变成无鬼神论的新内涵，从而成为文明礼仪。

东、西方礼仪的差异

东方礼仪主要指以中国、日本、朝鲜、泰国、新加坡等为代表的亚洲国家所有的具有东方民族特点的礼仪文化。西方礼仪主要指流传于欧洲、北美各国的礼仪文化。

1. 在对待血缘亲情方面

东方人非常重视家族和血缘关系，“血浓于水”的传统观念根深蒂固，人际关系中最稳定的是血缘关系。西方人独立意识强，相比较而言，不太重视家庭血缘关系，而更看重利益关系。他们将责任、义务分得很清楚，责任必须尽到，义务则完全取决于实际能力，绝不勉为其难，强调个人拥有的自由，追求个人利益。

2. 在表达形式方面

西方礼仪强调实用，表达率直、坦诚。东方人以“让”为礼，凡事都要礼让三分，与西方人相比，常显得谦逊和含蓄。在面对他人夸奖所采取的态度方面，东、西方人不相同。面对他人的夸奖，东方人常常会说“过奖了”“惭愧”“我还差得很远”等字眼，表示自己的谦虚；而西方人面对别人真诚的赞美或赞扬，往往会用“谢谢”来表示接受对方的美意。

3. 在礼品馈赠方面

东方人送礼的名目较多，除了重要节日互相拜访需要送礼外，平时的婚、丧、嫁、娶、生日、提职、加薪都可以作为送礼的理由。在中国，人际交往讲究礼数，重视礼尚往来，往往将礼作为人际交往的媒介和桥梁。西方礼仪强调交际务实，在讲究礼貌的基础上力求简洁便利。西方人一般不轻易送礼给别人，除非相互之间建立了较为稳固的人际关系，在送礼形式上也比东方人简单得多。一般情况下，他们既不送过于贵重的礼品，也不送廉价的物品，但却非常重视礼品的包装，讲究礼品的文化格调与艺术品位。

同时在送礼和接受礼品时，东西方也存在着差异。西方人送礼时，总是向受礼人直截了当地说明“这是我精心为你挑选的礼物，希望你喜欢”，或者说“这是最好的礼物”之类的话；西方人一般不推辞别人的礼物，接受礼物时先对送礼者表示感谢，接过礼物后总是当面拆看礼物，并对礼物赞扬一番。而东方人则不同，以中国人为例，在送礼时精心挑选，但在受礼人面前却总是谦虚而恭敬地说“微薄之礼不成敬意，请笑纳”之类的话。东方人在受礼时，通常会客气地推辞一番。接过礼品后，一般不当面拆看礼物，唯恐对方因送的礼物不够贵重或不尽如人意而难堪，或显得自己重利轻义，有失礼貌。

4. 在对待“老”的态度方面

东西方礼仪在对待人的身份地位和年龄上也有许多观念和表达上的差异。东方礼仪一般是老者、尊者优先。西方礼仪崇尚自由平等，在礼仪中等级的强调没有东方礼仪那么突出，而且西方人独立意识强，不愿老，不服老，特别忌讳“老”。

5. 在时间观念方面

西方人时间观念强，做事讲究效率。出门常带记事本，记录日程和安排，有约必须提前到达，至少要准时，且不应随意改动。西方人不仅惜时如金，而且常将交往方是否遵守时间当作判断其工作是否负责、是否值得与其合作的重要依据，在他们看来这直接反映了一个人的形象和素质。遵守时间秩序，养成了西方人严谨的工作作风，办起事来井井有条。西方人工作时间和业余时间区别分明，休假时间不打电话谈论工作，甚至在休假期间断绝非生活范畴的交往。相对来讲，东方人使用时间比较随意，有时会改变原定的时间和先后顺序。

6. 在对待隐私权方面

西方礼仪处处强调个人拥有的自由（在不违反法律的前提下），将个人的尊严看得神圣不可侵犯。在西方，冒犯对方“私人的”所有权利，是非常失礼的行为。东方人则较为注重共性拥有，强调群体，强调人际关系的和谐，邻里间的相互关心、嘘寒问暖，是一种富于人情味的表现。

第二篇　现代有轨电车工作人员仪容仪表礼仪

导　读

由于行业和企业倾向性的差异，现代有轨电车工作人员的仪容仪表需要符合行业要求，符合企业标准。

整洁大方的仪容、端庄得体的仪表能给人舒服的感觉。恰当的着装与修饰，不仅展现了个人的精神面貌和内在素养，同时也反映了企业管理水平和组织形象。职业形象需要严格恪守一些原则性的标准。

第一节　仪表礼仪形象

美国心理学家奥博特·麦拉比安说：“印象=55%外表+38%表现+7%语言。”仪表最先也是最直接的展示现代有轨电车工作人员的个人形象，直接影响着乘客对其的评价。作为现代有轨电车工作人员，应掌握着装规范，做到仪表端庄得体，整洁大方。

仪表，指的是得体、符合规范的外表装束。着装是一种无声的语言，显示穿着者的气质、品味和修养，反映一个人的精神状态，是人们社会交往的第一张名片。现代有轨电车工作人员必须注重仪表，使之与自己的职业形象相符，与企业的整体形象协调。

一、仪表礼仪的基本原则

（一）整洁干净原则

整洁干净是仪表礼仪最基本的原则。人们常常通过仪表是否整洁、干净、大方、得体来判断一个人的文化素养。在任何情况下，现代有轨电车工作人员的服装都应干净整洁，不能沾有污渍，不能有绽线、破洞等现象，扣子等配件应齐全，这样才能得到乘客的认可和欢迎。

（二）着装 TOP 原则

TOP 原则是世界通行的着装标准，TOP 是 Time（时间）、Occasion（对象）、Place（地点）三个词的首字母的缩写，即要求着装符合时间、对象、环境氛围和特定场合，力求和谐，具体要求如下。

（1）T（time）：时间、季节、时代。着装要与时间、季节、时代相吻合。

（2）O（occasion）：对象、目的。着装要根据不同的交往目的、交往对象进行选择。

（3）P（place）：地点、场合。着装要适宜所处的场合环境、着装者的身份。

知识窗

南开中学的“容止格言”

在南开中学各教学楼门口都有一面镜子，上面均写着：面必净、发必理、衣必整、纽必结；头容正、肩容平、胸容款、背容直。

周恩来总理青少年时期曾在南开中学学习，其一生都在严格履行这箴言，“容止格言”也是我们注意形象的精华所在。

（三）整体性原则

正确的着装，能够起到修饰形体、容貌等作用，形成和谐的整体美。仪表的整体美体现在服饰的色调、款式、质地、工艺，穿着者的形体、内在气质，着装环境、场合等和谐统一从而达到整体效果。

二、现代有轨电车服务人员仪表礼仪的基本要求

现代有轨电车服务人员的服饰应整洁大方，它的设计应充分考虑穿着人员的身份和职业，与工作环境相匹配、协调。制服标志着职业特色，体现出穿着者的个人职业形象，展现企业的精神面貌。醒目的制服不但易于辨认，而且使穿着制服的工作人员有一种责任感和职业自豪感。

（一）职业装的穿着规范和禁忌

1. 男士制服的穿着规范和禁忌

1）穿着规范

（1）制服整体要求：配套穿戴，制服合体，熨烫平整，整洁挺括，无异味，避免褶皱。裤子长度以触及脚背为宜，裤线笔挺，禁挽裤脚（如图 2-1 所示）。

（2）帽子：男工作人员帽檐与眉毛保持水平，不能过高或过低。

（3）衬衫：衬衫的下摆应束进制服裤内，不得垂悬于外。衬衫袖管不得卷起，衬衣扣子需完整，不可缺扣或漏扣。领口应挺括、洁净。衬衫衣领高于西服衣领 1.5 cm 左右；衬衫袖口长于制服袖口 1.5 cm 左右，垂臂时，制服袖口长于衬衫袖口，以体现出制服的层次感。

（4）领带：收紧领带结，领带的长度应该以下端到皮带扣处为宜（如图 2-2 所示）。

（5）口袋：制服上衣和裤子口袋避免放置物品。

（6）皮带：制服应配商务型黑色皮带（如图 2-3），禁配休闲皮带。皮带上避免悬挂任何饰物，如钥匙链等。

（7）鞋袜：穿着制服时应配纯黑色皮鞋、黑色或藏青色袜子（如图 2-4 所示），鞋面保持清洁光亮，袜子长短适中，禁穿船袜或袜筒等低于脚踝的袜子。

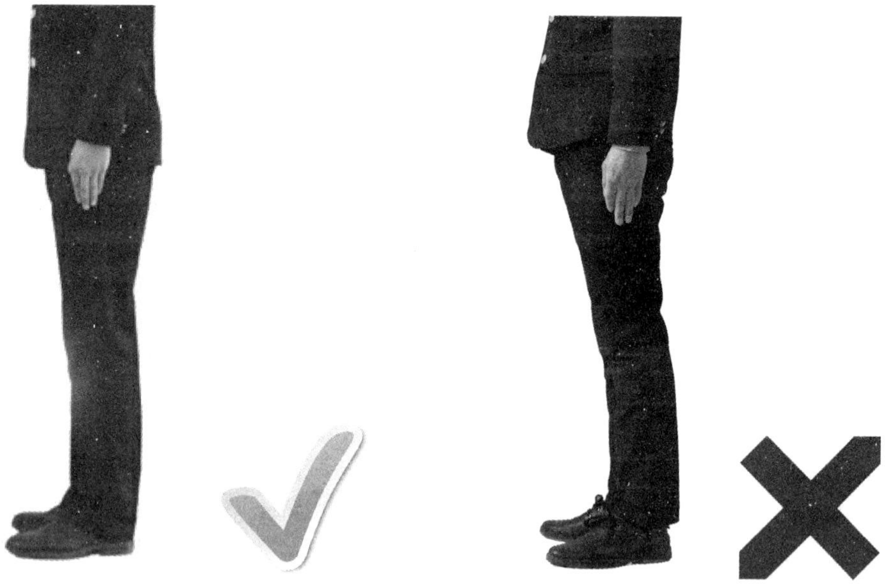

图 2-1　男士制服穿着裤装规范

图 2-2　领带适宜长度

图 2-3　商务型黑色皮带

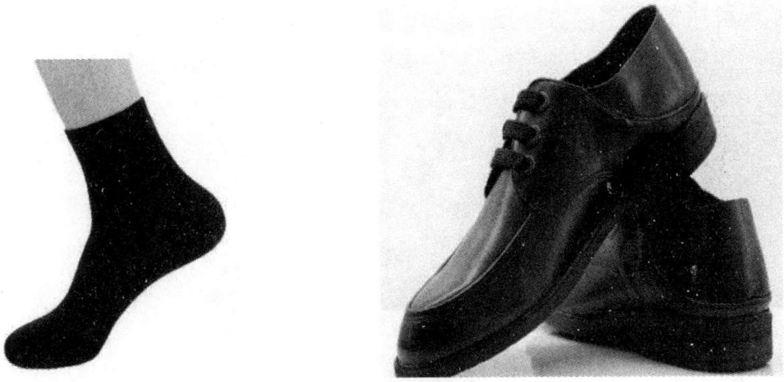

图 2-4　男士制服鞋袜搭配

2）穿着禁忌

（1）忌制服不配套穿着。

（2）忌制服裤子过短。

（3）忌衬衫放在裤子外面。

（4）忌不扣衬衫扣。

（5）忌制服口袋鼓鼓囊囊。

（6）忌领带过短。

（7）忌制服搭配运动鞋或者休闲鞋等。

2. 女士制服的穿着规范

女士职业装在款式上增加了套裙，合体的服饰能增添女性的自信，体现出职业女性的气质。

1）裤装穿着规范

（1）帽子：女工作人员帽檐在额头的 1/2 处。

（2）裤装制服：配套穿戴，制服合体，熨烫平整，整洁挺括，避免褶皱。裤子长度以触及脚背为宜，裤线笔挺（如图 2-5 所示）。

图 2-5　女士制服穿着裤装规范

（3）衬衫：衬衫的下摆应放在制服裤子里面，不得垂悬于外。

（4）领带：收紧领带结，领带的长度应该以下端到皮带扣处为宜。

（5）口袋：制服上衣和裤子口袋避免放置物品。

（6）皮带：制服裤子应配女士基础款黑色细皮带，皮带上避免悬挂任何饰物。

图 2-6　女士基础款黑色皮带

（7）袜子：袜子长度适中，应着透明或接近肤色的过脚踝丝袜，确保丝袜无勾丝、破损。

（8）皮鞋：应选择无装饰的黑色皮鞋，鞋跟高度 3 ~ 5 cm 为宜，皮鞋保持清洁光亮，不得穿异形跟的皮鞋。

2）套裙穿着规范

（1）上衣：上衣讲究，平整挺括。衬衫的下摆应掖入裙腰内，而不是垂悬于外。上衣扣必须始终全部扣好。衬衣袖管不可卷起。上衣口袋避免放置物品。

（2）裙子：裙子的长度在膝盖上下 2 cm 以内为宜。

（3）袜子：着透明或接近肤色的连裤袜或高筒丝袜，确保丝袜无勾丝、破损。

（4）皮鞋：应选择无装饰的浅口黑色皮鞋，鞋跟高度 3 ~ 5 cm 为宜，皮鞋保持清洁光亮，不得穿异形跟的皮鞋。

3）穿着禁忌

（1）忌穿过于性感和暴露的服饰，如网袜。

（2）忌佩戴发光、发声、艳丽、夸张的饰物。

（3）忌穿跳丝、破洞的丝袜。

（二）饰品佩戴方法

1. 领带的佩戴要求及打法

领带是正装的灵魂，是男士最重要的饰品。打领带的基本要求是要令其挺括、端正，在外观上领带结呈饱满的倒三角形。常见的打法有平结、双环节、温莎结、半温莎结、亚伯特王子结等。

1）常见领带打法

（1）平结：这是男士最常用的打法之一，几乎适用于各种材质的领带，适合窄领衬衫。其系法如图 2-7 所示。

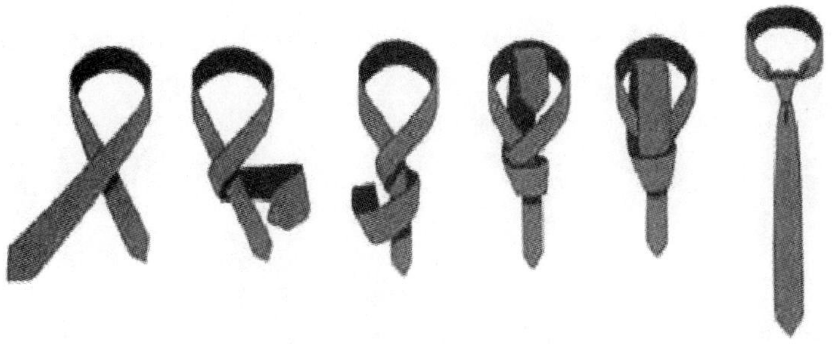

图 2-7　平结系法

（2）双环结：这种系法时尚感较强，适合年轻的上班族选用。其系法如图 2-8 所示。

图 2-8　双环结系法

（3）温莎结：这种系法因温莎公爵而得名，是最正统的领带系法。采用这种系法，打出的结饱满有力，适合搭配宽领衬衫，适用于正式场合。其系法如图 2-9 所示。

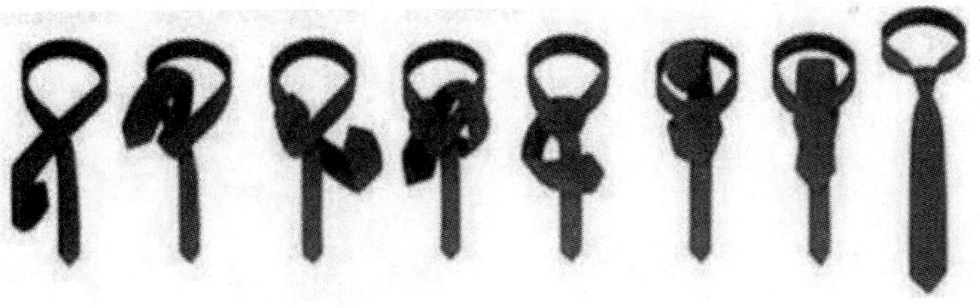

图 2-9　温莎结系法

（4）半温莎结：又称十字结，最适合搭配尖领或标准式领口系列的衬衫。相较于温莎结，半温莎结打法简单易学，领结也与温莎结相比小一些，适合不常打领带的人学习。其系法如图 2-10 所示。

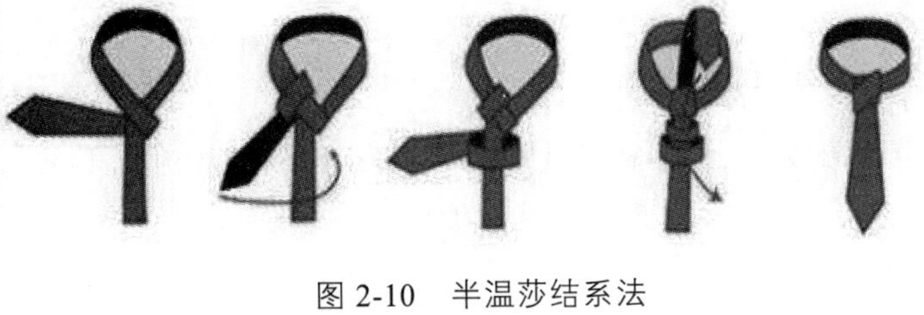

图 2-10　半温莎结系法

（5）亚伯特王子结：这种系法适用于浪漫扣领或尖领系列的衬衫，搭配质地柔软的细款领带。其系法如图 2-11 所示。

图 2-11　亚伯特王子结系法

小知识

领带夹是最常见、最醒目的男用饰品之一，领带夹主要用于固定领带。领带夹应将领带固定在胸前，领带夹的位置不能太靠上，也不能太靠下，一般来说位于从上往下数第四到第五粒衬衫扣子处为宜。扣上制服上衣后，从外面应当看不见领带夹。

2）佩戴要求

将领带打好后，应将其置于制服上衣与衬衫之间，收紧领带结，使其自然下垂。领带的长度以底端在皮带扣处为宜。打领带时，最忌领带结不端正、松松垮垮以及领带与衬衫的衣领“拉开距离”。

2. 女士丝巾的常见系法

（1）西班牙结：将丝巾展开后对折再对折成三角形，三角形垂悬面在前方，两端绕至颈后打结固定，调整正面折纹层次就完成了（见图 2-12）。

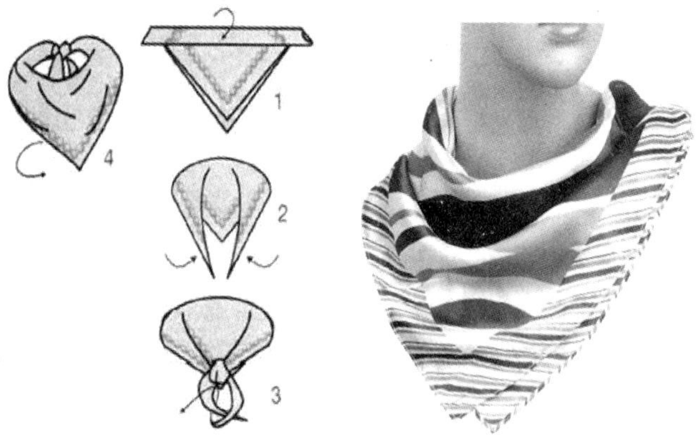

图 2-12　西班牙结及其系法

（2）“空姐”结：“空姐”结是空乘人员最常用的丝巾系法，其系法如图 2-13 所示。先将丝巾对角往中心对折，形成 5 ~ 6 厘米宽的带状，再将折叠后的丝巾戴在脖子上，然后系活结，将从下穿过的一段绕过短的一段系平结，整理好形状，将结移到喜欢的位置即可。

（3）蝴蝶结：将丝巾展开后沿对角折叠成三角形，三角形的丝巾顶角向里，折叠成带状，然后将带状丝巾佩戴于颈部，把上端拉长后两端交叉系结，再将下端抓出一耳用手固定，上端由外向内穿绕巾耳，再系出另外一耳并结好，调整好形状，漂亮端庄的蝴蝶结就完成了（见图 2-14）。

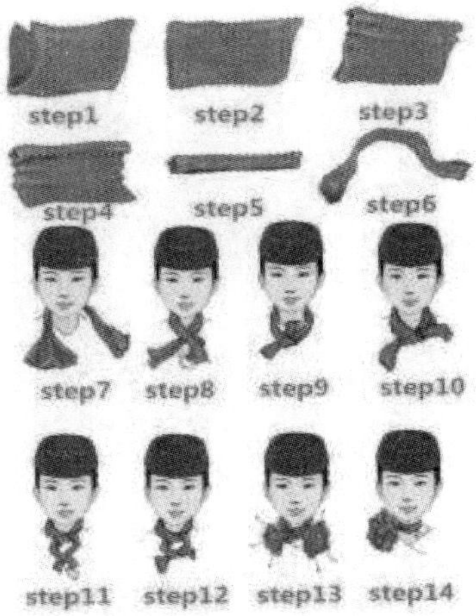

图 2-13 “空姐”结系法

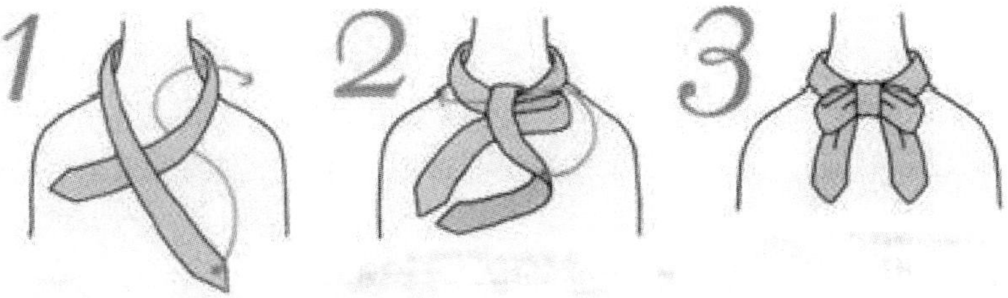

图 2-14 蝴蝶结系法

3. 饰品佩戴要求

在穿制服时，一般情况下饰品从简。避免佩戴手镯、悬垂挂件、装饰戒指、胸针、脚链等，禁止佩戴尺寸、形态夸张的饰物及卡通工艺品等。

（1）项链的佩戴要求：项链是女性最常见的饰品之一。工作中只能佩戴一条项链，不得佩戴款式夸张的项链，系红绳的挂件不显露在外。

（2）耳钉的佩戴要求：工作中，不得佩戴有悬垂物的耳饰，耳钉只限一副，左右可各戴一只，且耳钉的直径不得超过 3 mm。男性工作人员禁止佩戴耳部饰物。

（3）戒指的佩戴要求：工作时只能佩戴一枚婚戒，镶嵌物直径不得超过 5 mm（如图 2-15 所示）。

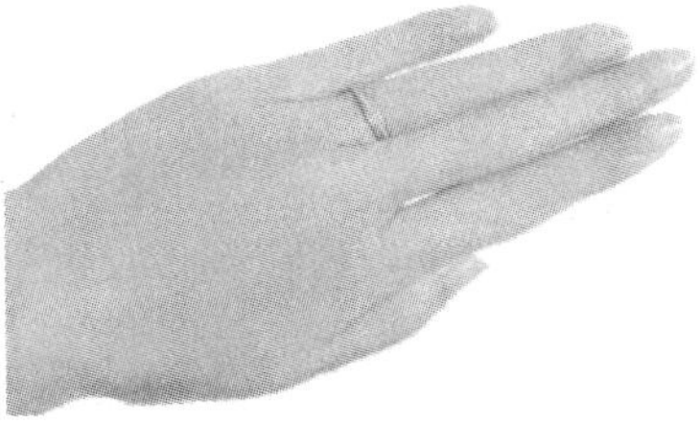

图 2-15 婚戒的佩戴

（4）手表佩戴要求：工作中，可以佩戴风格简约的手表一只（如图 2-16 所示）。

（5）工牌：工号牌戴在左胸上沿，并与地面保持水平。应保持工号牌完好无损、清晰整洁，如有污损应及时更换。佩戴党（团）徽时，应将党（团）徽戴于工号牌正中上方。

图 2-16　手表的佩戴

第二节　仪容修饰礼仪

著名的美国小说家马克·吐温曾经说过："不修边幅的人在社会上是没有影响的。"试想一个头发杂乱、仪容修饰随意的现代有轨电车工作人员，怎么会给乘客留下好的印象？事实上，很多人都会"以貌取人"，尤其是在初次相见时，更是凭借外在的形象来对一个人形成判断。

案　例

不像"领导"的领导

由于天气情况恶劣，加上部分地区管控，百分之八十的航班延误，周边航班备降，大量旅客滞留。机场各岗位工作人员几乎48小时没合眼，坚守岗位，每个人都蓬头垢面，没时间仔细梳洗。有一群旅客因为延误时间长而无法耐心等待，所以要求见领导解决自己提出的要求。可是，当值班经理来到登机口面见旅客时，他们本就激动的情绪变得更加狂躁了，大声训斥道："你们又来敷衍我，随便找了个人来冒充领导打发我是不？"值班经理很是困惑："我就是值班经理啊？您有什么要求可以跟我说，我们会尽力帮你解决。"旅客斜眼看了看他说："我才不信呢，哪有个经理的样儿，衬衫那么脏，还皱皱巴巴，头发也那么凌乱，胡子拉碴的。真是经理的话，肯定也是个不管事儿的。"

仪容，即个人的容貌，主要包括发型、面容、手部、体味和口腔卫生等，是个人职业形象的重要组成部分。仪容美不仅源于先天形式，同样也来自美容修饰等后天方法。

一、仪容修饰的原则

1. 美观原则

美观就是通过化妆技巧修饰自己，使自身变得美丽、端庄，给乘客留下美好印象的同时愉悦自己的身心。

2. 妆容协调原则

职业妆应自然大方、朴实淡雅，妆容应与自身的脸型、发型与服饰相协调，符合场合和社会角色。

3. 适体适度原则

化妆的最高境界，是虽已经化妆但看不出人工修饰的痕迹，显得自身天然美丽。在仪容修饰上，应与自身的性别、年龄、容貌、肤色、气质及职业身份等相适宜，把握分寸，自然适度，追求不露痕迹的效果。

二、现代有轨电车工作人员仪容修饰的基本要求

(一) 男士仪容修饰的基本要求

1. 头发

男士的头发应整洁无异味，发型大方得体，头发颜色自然、梳理得当。

1）头发整洁无异味

保持头发整洁且没有头屑，定期需要对头发进行清洗。洗发时要选择适合自己发质的洗发水，洗净后适当抹一些护发素或焗油膏，以保持头发的柔顺，然后再使用清香型发胶等，以保持头发整洁不蓬散，切记使用异味发油等护发产品。

2）发型大方得体

男士头发长度要适宜，前不及眉，旁不遮耳，后不及领，不留长发、大鬓角。发型要修剪得体，轮廓分明。头发应梳理整齐，可适当、适量使用发胶、摩丝等定型，不得有蓬乱的感觉。不得剃光头、烫发或剪板寸头，如图 2-17 所示。

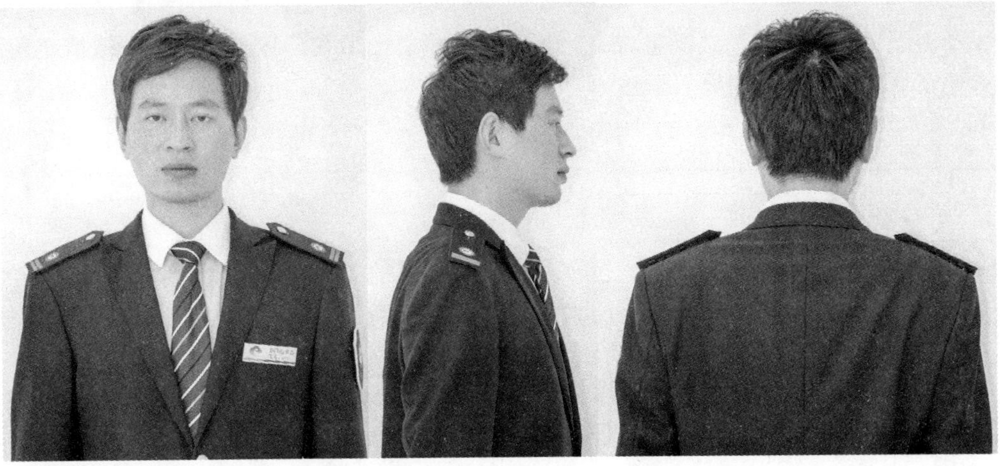

图 2-17　男性工作人员发型示例

3）头发颜色自然

不要将头发染成黑色以外的其他任何抢眼色彩，以接近自然为宜。

4）梳理得当

在出门上班前、换装上岗前、摘下帽子时、下班回家时及其他有必要的时候，需要梳理

头部。梳理头发时需要注意以下四点事项：

（1）梳理头发不宜当众进行。

（2）梳理头发不宜直接用手，最好随身携带一把梳子，以备不时之需。

（3）断发不宜随手乱扔。

（4）头屑不宜当众、随意抖。

2. 面部

（1）面部皮肤：对于面部，要勤洗脸，保持干净清爽。男士皮肤多为油性，面部油腻不仅影响美观，还容易引起痤疮、皮炎、毛孔粗大等皮肤问题。要改善过度出油的状况，需要避免精神紧张、工作劳累、过度摄入烟酒。

（2）眼睛：避免眼睛有红血丝，及时清除眼部分泌物。

（3）鼻子：平时应注意保持鼻腔清洁，鼻毛要及时修剪，不可外露。不可随处挖鼻孔、吸鼻子、擤鼻涕。

（4）口腔：牙齿洁白、口腔无异味是对现代有轨电车工作人员最基本的礼仪要求。少吃或不吃容易引起口臭的异味食物（如大蒜、大葱等），不酗酒、不熬夜。尽量少吸烟、少喝浓茶。禁止在公共场合做出当众剔牙等不文雅行为。

（5）胡须：胡须最容易影响卫生和美观。男士应避免留各种胡须，胡须要剃净。

3. 四肢

（1）手部：服务工作人员要经常保持手部清洁，应养成勤洗手、定期修剪指甲的好习惯。指甲内不得有污垢，指甲长度以不超过手指指尖为宜。

（2）腿部：男士不允许穿短裤，不允许光脚穿鞋，应注意保持腿部卫生。要勤洗勤换鞋、袜。

4. 体味

要勤洗澡，勤换衣袜，洗澡可以去除身上的尘土、油垢和汗味，并且使人精神焕发。应尽量避免身上出现烟味、酒味、汗酸味。

（二）女士仪容修饰的基本要求

1. 发型要求

女士发型要简洁、美观，头发颜色自然。头发过肩的需要盘起、挽起，不得梳披肩发，不得留怪异的新潮发型。如为短发，头发最短不得短于两寸，最长不得超过衣领底线。刘海不要及眉。发夹、发箍、头花应为深色小型，不得夸张耀眼。任何一种发型都应梳理整齐，使用发胶、摩丝定型，两鬓光洁，无耳发，不得有蓬乱的感觉，如图 2-18 所示。

2. 面部彩妆

在对客人进行客运服务的过程中，化妆是一种礼貌。化妆就是使用化妆品进行自我修饰。化妆是一门艺术，需要参考职业、年龄、五官特点等因素。女性工作人员上岗应着职业妆，以淡雅、清新、自然为宜，忌浓妆艳抹。

女性工作人员应掌握正确的化妆技巧，运用色彩等晕染方法使面部妆容与职业装和谐统一，从而赢得乘客的好感。

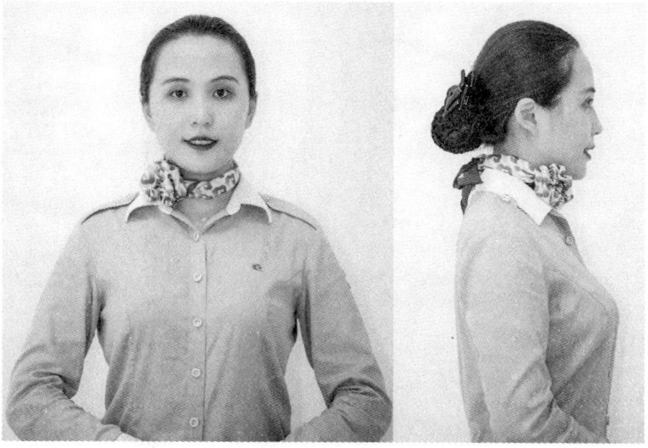

图 2-18　女性工作人员发型示例

化妆大致分为以下几步。

1）清洁皮肤

化妆前一定要清洁肌肤，根据肤质不同可选择适合自己皮肤的洁面产品。使用时，挤适量洁面产品于手上，配合清水，搓揉起泡后，以由内而外打圈按摩的方式清洁面部，再用清水洗净。

2）润肤

洁肤后，先用化妆棉蘸取爽肤水，以由下向上、由内而外的手法轻拍，然后涂抹适合自己肤质的保湿霜或其他润肤产品，给肌肤营造一个补水环境，调整肌肤状态。

3）修饰眉毛

可用眉刀或眉钳根据自己的五官修饰出适合的眉形。不同脸型的修眉方法如图 2-19 所示。

4）涂粉底

选择适合自己肤色的粉底后用海绵蘸取粉底产品，在额头、面颊、鼻部、唇周和下颌等部位，采用轻轻按压的手法，由上至下，依次将粉底涂抹均匀（见图 2-20）。各部位要衔接自然，不能有明显的分界线。底妆要达到调整气色、遮盖瑕疵，使皮肤光亮自然的效果。

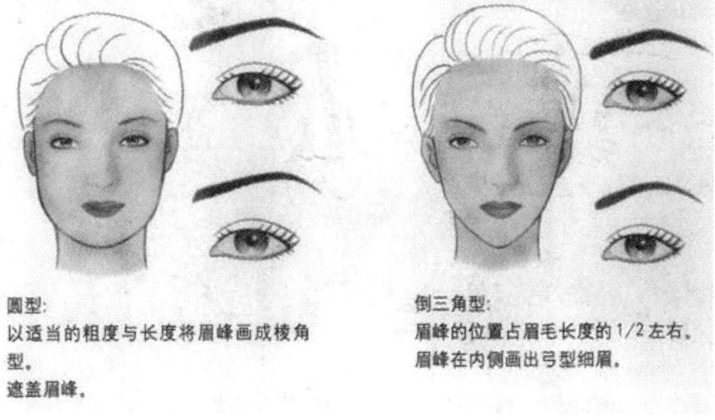

（a）　　　　　　（b）

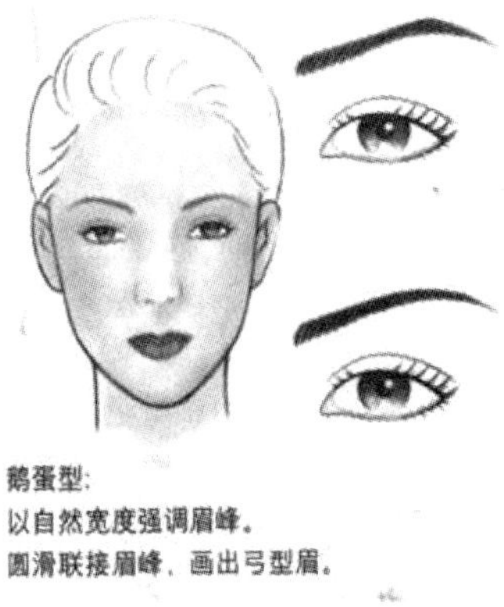

（c）

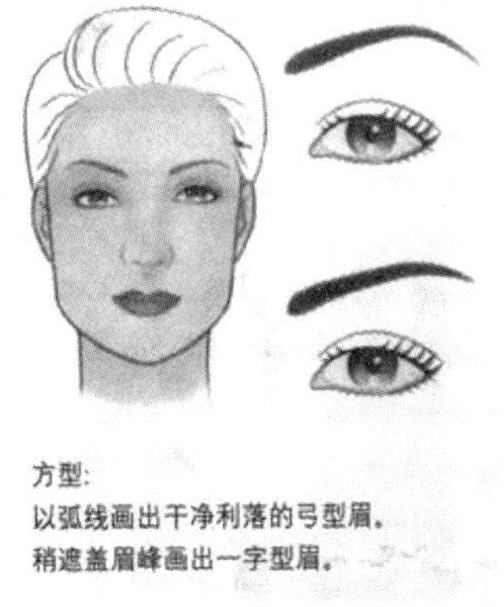

（d）

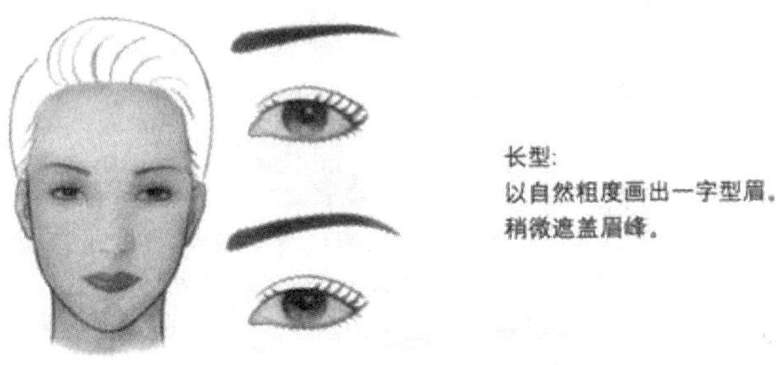

（e）

图 2-19　不同脸型的修眉方法

图 2-20　粉底的涂抹方法

5）画眉

选择与发色接近的眉笔颜色，建议使用黑色、深棕色系列的颜色，顺着眉毛的生长方向进行描画，然后用眉刷定型，切不可将眉毛化成一条重重的黑线。画眉的方法与眉毛位置如图 2-21 与 2-22 所示。

图 2-21　画眉的方法

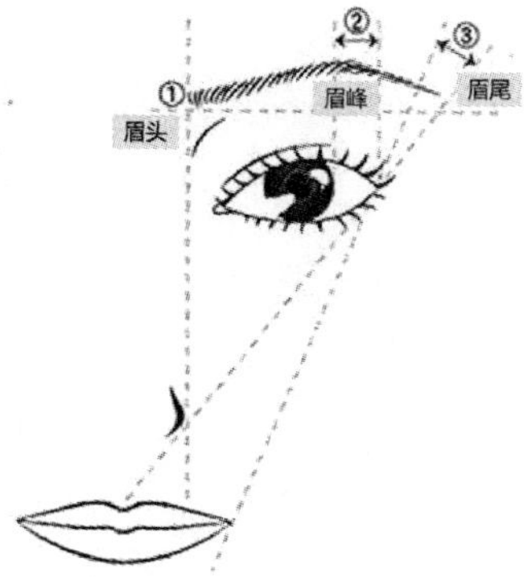

图 2-22　眉头、眉峰与眉尾的位置

6）眼部修饰

（1）画眼线：画眼线时要贴着睫毛根部勾勒细细的眼线，眼角部位勾勒出上挑线条突显柔美气质。

（2）夹睫毛：眼睛向下看，将睫毛夹夹到睫毛根部，使睫毛夹与眼睑的弧线相吻合，夹紧睫毛 5 秒左右松开，不移动夹子的位置连做 1 ~ 2 次，使弧度固定。再用睫毛夹在睫毛的中部，顺着睫毛上翘的趋势，夹 5 秒左右后松开。最后用睫毛夹在睫毛的前端再夹一次，时间 2 ~ 3 秒，使睫毛形成自然的弧度。

（3）涂眼影：用眼影刷蘸取少量浅色眼影在整个眼窝处轻轻涂抹一层，再用深一点的颜色在双眼皮褶皱内进行均匀晕染。

（4）刷睫毛膏：涂上睫毛时，眼睛向下看，睫毛刷由睫毛根部向下向外转动。涂下睫毛时，眼睛向上看，用睫毛刷的刷头横向“Z”字来回逐层刷睫毛膏。均匀涂抹睫毛膏后可用睫毛梳梳理睫毛，使睫毛根根分明。

7）涂腮红

选择合适的腮红色，用腮红刷进行按压晕染，调整气色。肤色白皙的人一般选用粉色系腮红，肤色略深的人一般选择桃红色系腮红，肤色红润的人可以不涂腮红。腮红的涂抹位置应根据不同的脸型做出调整，常见脸型的腮红涂法如图 2-23 所示。

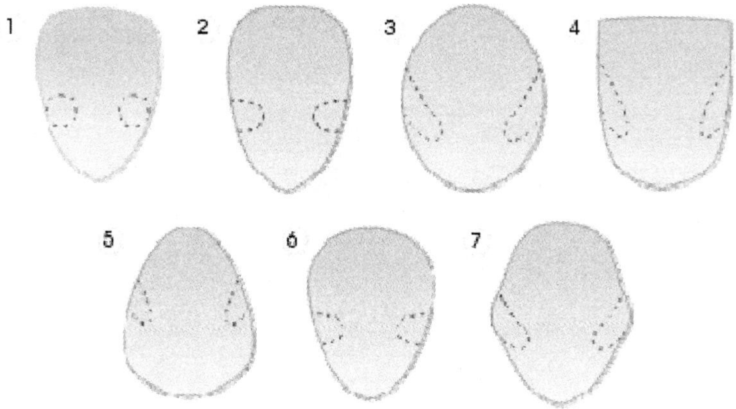

图 2-23　七种脸型的腮红涂法

8）唇

涂抹口红前应先用白色或者透明色润唇膏来滋润唇部，再选择色彩与腮红颜色接近或协调的口红进行唇部涂抹，以增加色彩效果。口红的涂抹方法如图 2-24 所示。

图 2-24　口红的涂抹方法

3. 手部

手是仪容的重要部位，在职业场合中，一双清洁并精心护理的手能显示出一个人良好的教养。服务工作人员指甲应修剪整齐，指甲的长度以正面不超过 1 mm 为标准。指甲缝不得有残留物，指甲周围的死皮要定期修剪，服务工作人员只可涂肉色或透明色指甲油，不应涂醒目艳丽的有色指甲油或做工艺指甲，如图 2-25 所示。

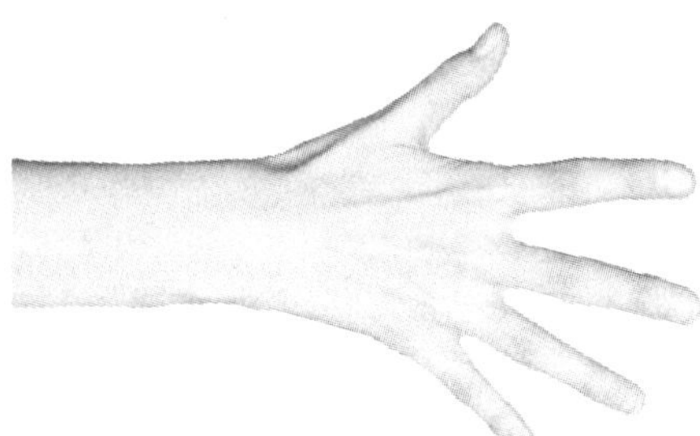

图 2-25　手部规范示例

4. 体味

女士同样需要勤洗澡，勤换衣袜，避免身上出现汗酸味、浓烈香水味等。女性服务人员可适当选用淡香水。宜选气味淡雅清新的香水，切勿使用过量，以免产生适得其反的效果。

第三节　职业表情礼仪

表情是人内在情绪和思想感情的外露。微笑服务和眼神交流在现代有轨电车客运服务中起着十分重要的作用，它们能够增进人与人之间的交流，拉近人与人之间的距离。

案 例

希尔顿的微笑服务

美国“旅馆大王”希尔顿于1919年把父亲留给他的12 000美元连同自己挣来的几千美元投资出去，开始了他的旅馆经营生涯。当他的资产从1500美元奇迹般地增值到几千万美元的时候，他欣喜而自豪地把这一成就告诉母亲，母亲却淡然地说：“依我看，你跟以前根本没有什么两样……事实上你必须把握比5100万美元更值钱的东西：除了对顾客诚实之外，还要想办法使来希尔顿旅馆的人住过了还想再来住，你要想出这样一种简单、容易、不花本钱而行之久远的办法去吸引顾客。这样你的旅馆才有前途。”

母亲的忠告使希尔顿陷入迷惘：究竟什么办法才具备母亲指出的“简单、容易、不花本钱而行之久远”这四大条件呢？他冥思苦想，不得其解。于是他逛商店、串旅店，以自己作为一个顾客的亲身感受得出了答案：“微笑服务”。从此，希尔顿实行了微笑服务这一独创的经营策略。每天他对服务员的第一句话是“你对顾客微笑了没有？”

他要求每个员工不论如何辛苦，都要对顾客投以微笑，即使在旅店业务受到经济萧条的严重影响的时候，他也经常提醒职工记住：“万万不可把我们心里的愁云摆在脸上，无论旅馆本身遭受什么样的困难，希尔顿旅馆服务员脸上的微笑永远是属于旅客的阳光。”

为了满足顾客的要求，希尔顿饭店除了到处都充满着微笑外，在组织结构上，希尔顿也尽力创造一个尽可能完整的系统，以便成为一个综合性的服务机构。因此，希尔顿饭店除了提供完善的食宿服务外，还设有咖啡厅、会议室、宴会厅、游泳池、购物中心、银行、邮电局、花店、服装店、航空公司代理处、旅行社、出租汽车站等一套完整的服务机构和设施，使得到希尔顿饭店投宿的旅客，真正有一种宾至如归的感觉。当希尔顿再一次询问他的员工们“你认为还需要添置什么”时，员工们回答不出来，他笑了：“还是一流的微笑！如果是我，单有一流设备，没有一流服务，我宁愿弃之而去，住进虽然地毯陈旧，却处处可见到微笑的旅馆。”

微笑服务同样也会吸引乘坐现代有轨电车的乘客。但之所以能够留住乘客，绝不仅仅是靠对乘客的微笑，而是依托于微笑背后丰富的含义：它体现着一种理念、一种心态，一种把乘客利益置于中心位置的经营态度。

在与乘客交往中，工作人员的面部表情可以给人们最直接的感觉和情绪体验。保持良好的面部表情是现代有轨电车服务人员开展服务工作的基本职责，是维护企业形象的内在要求，是现代有轨电车服务人员爱岗敬业、乘客至上的职业价值理念的具体表现，是现代有轨电车服务人员自信、文明、有涵养的内在特质在工作中的外显和个性形象的最佳体现途径。

在构成表情的诸多要素中，目光和微笑是至关重要的。

一、目光交流

眼睛是人类的心灵之窗，人们可以用不同的眼神来表达不同的思想感情。眼神的千变万化，表露着人们丰富多彩的内心世界。目光是一种重要的礼仪，它在人际交往中发挥着信息传递的重要作用。在工作中，服务人员与乘客交流时，目光要亲切、自然、友善，并且要在注视的方式、部位、角度和时间等方面注意规范礼仪。

（一）注视的方式

在社交场合中，最常见的注视他人的方式有以下几种。

1. 直视

直视，即直接地注视交往对象，它表示认真、尊重，适用于各种情况。若直视他人双眼，则为对视。对视表明自己大方、坦诚，或是关注对方。凝视是直视的一种特殊情况，即全神贯注地进行注视，多用于表示专注、恭敬。

2. 环视

环视，即有节奏地注视不同的人员或事物，它表示认真、重视。当同时与多名乘客打交道时，应运用此眼神，表示自己“一视同仁”。

3. 扫视

扫视，即视线移来移去，注视时上下左右反复打量，它表示好奇、吃惊。此眼神不可多用，对异性应禁用。

4. 盯视

盯视，即目不转睛并且眼神长时间地凝视某人的某一部位，它表示出神、惊讶或挑衅，故不宜多用。

（二）注视的部位

根据不同的场合和对象，注视的部位应有所不同。

1. 关注型注视

这种注视是指注视对方双眼，表示自己聚精会神，一心一意，重视对方，但时间不宜过长。

2. 社交型注视

这种方式是注视对方以双眼为底线，唇部为顶点的倒三角形区域，这种注视给人一种平等、轻松感，从而能创造出良好的社交氛围，是社交场合面对交往对象时所用的常规方法。

3. 公务型注视

这种方式是注视对方以额头为顶点，双眼为底线的正三角形区域，表示严肃、认真，公事公办，适用于极为正规的公务活动或是洽谈、谈判等场合。

4. 亲密型注视

这种方式是注视对方眼部至胸部之间的区域，表示亲近、友善，适用于亲人或恋人之间。

非亲密关系的人之间应禁用这种注视，以免引起误解。

5. 随意型注视

这种方式是注视对方任意一部位，一般用于在公共场合注视陌生人。

（三）注视的角度

注视他人的常规角度主要有以下三种。

1. 平视

平视，亦可称正视，即视线呈水平状态，一般用于普通场合与身份、地位平等的人进行交往。一般而言，视线水平表示客观和理智。平视中一定要面向对方，否则即变为斜视对方，是失礼的表现。

2. 俯视

俯视，即眼睛向下注视他人。一般在身居高处时使用，它可表示对晚辈的宽容、怜爱，也可表示对他人的轻慢、歧视。一般而言，视线向下体现权威感和优越感，在服务工作中，应避免采用这种注视。在与乘客沟通时，面对坐着的乘客，站着的服务人员应当轻微俯身，尽量减少俯视的视角差。

3. 仰视

仰视，即主动居于低处，抬眼向上注视他人。它表示尊重、敬畏之意，适合面对尊长时使用，一般而言，视线向上表示服从。

（四）目光接触的时间

根据心理学研究表明，交谈时，目光接触的时间宜占全部谈话的 30%～60%。不同的注视时间所代表的不同含义如表 2-1 所示。

小喇叭

心理学家做了这样一个实验：让采访者用三种目光与被实验者进行对话：①“聚精会神、专注”的目光；②“时看时不看、躲闪”的目光；③“几乎不看”的目光。实验结果表明，被实验者把使用“聚精会神的目光”者列为对自己最有兴趣、最专注的人，因而也对这类采访者产生好感，对他们的评价也最高。不采用目光沟通的人，常常被列为对别人不感兴趣的人，也容易造成不必要的误解。

表 2-1　注视时间与其含义

注视的时间	含义
注视对方的时间占全部谈话时间的 1/3	表示友好
注视对方的时间占全部谈话时间的 2/3	表示重视
注视对方的时间不到全部谈话时间的 1/3	表示轻视
注视对方的时间超过全部谈话时间的 2/3	表示敌视或兴趣

二、微笑礼仪

在人的面部表情中，除了目光以外，最动人、最有魅力的就是微笑。微笑是无声的语言，是内心情绪的自然流露，是人际交往的润滑剂，是自信、友好、善意的表示。微笑是一种世界通用语，可以迅速营造融洽的沟通氛围。

小喇叭

微笑是什么

美国希尔顿酒店的董事长唐纳·希尔顿曾经说过，酒店的第一流设备重要，而第一流的微笑更为重要，如果缺少服务人员的微笑，就好比花园失去了春日的阳光和微风。

（一）微笑服务的重要性

1. 微笑能为服务工作带来便利，提高工作效率

微笑，常常被视为“参与社交的通行证”。在服务工作中，微笑可以有效地缩短与乘客间的心理距离，给对方留下良好的心理感受，从而形成和谐融洽的交往氛围，让服务对象倍感愉快和温暖。微笑服务更是一种特殊的情绪语言，是服务工作的润滑剂，可以稳定乘客焦虑急躁的情绪，获得理解和信任。而乘客情绪稳定、态度配合，有利于服务工作的顺利进行，从而提高工作效率。

2. 微笑服务能为企业带来良好的经济效益

服务人员既代表个人又代表企业形象，这两种角色彼此依赖又互为联系，也就是说企业的形象是通过每个具体服务人员来体现的。如果每位员工都能做到微笑服务，乘客不仅会感受到服务人员工作的良好态度，而且会将这一具体的感受升华到对现代有轨电车运营企业形象的认可。

3. 微笑是一种态度，是个人职业素养的外在体现

在服务行业，微笑是服务人员最正宗的“脸谱”。保持一个微笑的表情、谦和的面孔，是表示自己真诚、守礼的重要途径。微笑是自信的表现，是对自己的魅力和能力抱积极态度的外在表示。微笑服务也是服务行业职业道德的重要内容。

（二）微笑的原则

1. 发自内心原则

真正的微笑应发自内心，渗透着自己的情感，表里如一。毫无包装或矫饰的微笑才有感染力，才会被别人真正地从内心接受。

2. 主动微笑原则

微笑不是施舍，作为一名成熟或训练有素的现代有轨电车服务人员，在与乘客目光接触

的同时，首先向对方微笑，然后再开口说话表示欢迎和交谈，会给人留下彬彬有礼、热情的印象，就会主动营造一个友好、热情并对自己服务有利的气氛和场景，也因此容易赢得对方的认可。

3. 自然大方原则

服务人员微笑并讲话时要气质优雅，表现和谐，使眉、眼、鼻、口、齿以及面部肌肉和说话声音协调、自然。

4. 一视同仁原则

乘客千差万别，各色各态，服务人员必须一视同仁，不能凭他人外表的差别或凭自己主观好恶而区别对待。无论是内宾还是外宾、本地还是外地乘客、男乘客还是女乘客，都应同等对待，一律以微笑待之，切忌以貌取人。

知识窗

微笑姐“吴怡”

2010 年的广州亚运会开幕式上，有一个女孩格外引人注目，她以温婉笑容、专业表现和敬业态度征服了观众，这个女孩就是礼仪小姐吴怡，网友亲切地称呼她为“微笑姐”，赞誉她为“广州名片”。她说：“楚楚动人的微笑不是因为有镜头才刻意保持的，是我们专业训练的结果。”

5. 天天微笑原则

对于现代有轨电车服务人员来说，应让自己保持天天微笑的习惯，不能高兴就微笑，不高兴就不微笑；要形成一进入工作岗位，就能抛却一切个人的烦恼、不安、不愉快情绪，振奋精神，热情地为乘客服务的能力。有了良好的微笑习惯，才能让微笑服务进入新的境界。

知识窗

世界微笑日

第一次世界大战给世界各国人民带来了巨大的灾难和痛苦，欧洲捷克斯洛伐克红十字会提出倡议每年举行 3 天的“红十字休战日”活动，以宣传红十字会的人道主义思想，增进各国人民的相互了解、友谊和合作。这个倡议的实现历经波折，直到 1948 年，国际红十字会正式确定以国际红十字会创始人亨利·杜楠的生日——5 月 8 日为世界红十字日，也即“世界微笑日”。

世界微笑日，是唯一一个庆祝人类行为表情的节日，这一天会变得特别温馨，在对别人的微笑中，你也会看到世界对自己微笑起来。

（三）微笑的要领与禁忌

1. 微笑的基本方法

先放松自己的面部肌肉，然后让嘴角两端平均地向上微微翘起，露出 6 ~ 8 颗牙齿，使嘴唇呈现弧形，在不牵动鼻子、不发出笑声、不露出牙龈的前提下，微微一笑。微笑是多部位协调的动作表情。微笑时，应目光柔和，眉头自然舒展（见图 2-26）。

图 2-26　微笑的方法

2. 微笑的禁忌

微笑时应注意以下禁忌：

（1）假笑，即笑得虚假，缺乏诚意，强装笑脸，使乘客感觉不被尊重。

（2）怯笑，即害羞、怯场，不敢与乘客进行视线交流，甚至是面红耳赤地笑。

（3）冷笑，即含有讽刺、不满、不屑一顾、不以为然等意思地笑。

（4）窃笑，即偷偷地洋洋自得或幸灾乐祸地笑。

（5）媚笑，即有意讨好别人，不端庄地笑，具有一定功利性和目的性。

拓展阅读

香水文化

一、法国的香水文化

香水最早发源于埃及、印度、罗马、希腊、波斯等文明古国。11 世纪，随着东西方贸易的不断加强，香水逐渐为欧洲人所接受。然而，香水在法国盛行的原因竟是出于遮丑的目的。

法国人使用香精香料和化妆品始于 13 世纪前后，当时主要使用范围是在贵族社会。直到十六世纪之前，法国的香水工艺还很落后，也尚未形成大范围使用香水的风气。而十八世纪的巴黎，有着狭窄的巷道、肮脏的市场，到处污浊不堪。臭鱼烂肉的腐臭，随地大小便的屎尿臭，等等，大街小巷的恶臭令人作呕。

更有甚者，当时部分法国人有拒绝洗澡的观念。因为淋病的流行，许多人认为到公共浴室洗澡会染上性病，所以讳言洗澡。

当时巴黎的生存环境本来就糟糕透了，再加上人们的体臭，那种日子过起来实在不舒服。所以，香水的诞生应该说是一种必然。

据传，真正将香水文化带到法国的，是法国国王亨利二世的妻子——凯萨琳。公元 1533 年，她从意大利嫁到法国，她不仅带来了丰富瑰丽的意大利文化和生活方式，而且还带来了专职香水师，并在巴黎开设了第一家香水公司。当时香水最爱用的原料是动物性香料，如龙涎香、麝香、麝猫香。

亨利四世和路易十三对香水并无多大兴趣。路易十四则一反常规，他对于臭味极其敏感。然而根据他的御医每天为他做的记录，他从 1647 年到 1711 年的 64 年间，只洗过一次澡。根据当时的说法，洗澡是一种疗病手段，如果没有医生的吩咐，即使是巴黎上流社会的绅士、淑女也绝不轻易洗澡。所以为了掩臭，他命令宫廷香水师每天必须调制出一种他喜欢的香水。到了路易十六，更是动用倾国之力去意大利寻找香水及香皂制造高手，这也奠定了法国香水工业的基础。

对法国的香水工业做出极大促进的是拿破仑。他支持鼓励当时的科学家研究有机化学，法国的香水工业因此出现了革命性的变化，开始领先于世界的潮流。

香水发展到今天，芬芳的气味大都是变为从植物提取，如花香、草香。香水工艺不断进步，品牌越来越多，质地也越来越好。

二、香水调配

香水是一种技术产品，更是一种文化产品。配制香水是一个复杂的过程。调配师是艺术巨匠，他要依据人们审美情趣的变化和要求来创造香水。一种新的香水产品的试制一般至少需要一年的时间，而它的推广则需好几年的时间和大量的广告费用。要知道，在已有上千种的产品的情况下，再创造出新的有特色的产品，是很不容易的。同时，要把人类现有的 8000 多种香精原料通过不同用量进行排列组合，那将是无穷无尽的事。而且随着科学的发展，人们还会发现更多新的可用来调配香水的原料。

三、香水分级

香水中添加的香精浓度的差异，决定了香水等级的不同。由于香精非常昂贵，香水的价格也大多由香精含量高低来决定，香精的浓度越高价格越高。在购买香水的时候，一定要看清上面的标记。

（1）Parfum，即浓香水，也称香精，香料含量达 15%～40%。这种香水的纯度很高，香气浓郁经久不散，适合晚宴舞会使用。当然价格也很昂贵。

（2）Eau de parfum，香水，含有 7%～15%的香料，香气可持续 5～6 小时，适合晚间使用。价格中等偏上。

（3）Eau de toilette，淡香水，香精含量达 8%～15%，是目前市场上较受欢迎的香水级别。它的香气清爽淡雅，可维持 3～4 小时，是平时生活工作的首选。这类香水容量较大，香型多种多样，价格中档，很受消费者欢迎。

（4）Eau de cologne，古龙水，香精含量为 4%～8%。香味淡而短暂，约能持续 1 个小时左右，适合淋浴和运动后使用。男性香水多半属于此等级。

（5）Eau fraiche，即清香水，香精含量为 1%～3%，市面上的剃须水、香水剂等都属于这一等级，其可给人带来神清气爽的感觉，但留香时间较短。

需要说明的是，并非所有的香精都可配制浓度较高而气味又宜人的香水，有些香精在其浓度较低时反而更恰宜被人体接受。

四、香水功效

全世界有 3500 种香草植物可以助人释缓压力，然而只有 200 种气味可以最终被提炼为香水。香水不仅能带来芳香，也能调节人的心情。如若你感到疲惫，如若你不堪工作的重负，不妨沐浴在香水的芳香中，可以获得适时的减压。香水可以舒展隐藏在内心的某种情绪，手腕处滴上一滴香水，看着它在浸入肌肤的同时，还优雅地散发着香气，这片飞絮般的柔情可以抚慰心情。无论在居室还是办公室，恰当地喷上清淡的香水，若有若无的香气不仅能美化生活，制造一些浪漫氛围，也能释缓紧张的工作压力。如遇到不如意之事，情绪低沉，试着喷上一种可令人振奋的香水，你的心情也许将有所改善。

如果说绘画之类的视觉艺术品可以养眼，那是因为它们用造型与画面冲击人的视觉。如果说音乐之类的听觉艺术能够养耳，那是因为在各类音效的围绕之中，听者能够陶醉。而香水，如果说它是艺术品，那是因为它既能够刺激嗅觉，还能满足视觉的欣赏的需要。香水还能带来精神的感知，具有唤醒激情与幻想的力量。下面，介绍几种香型以及它们的功效：

（1）葡萄柚有制怒的作用，并可提高适当的兴奋度。

（2）茉莉的幽香可增强机体应付复杂环境的能力，帮助消除引起精神和躯体方面缺陷的综合征。

（3）橙香可以提高工作效率，它可以消除在办公室压抑的气氛中产生的紧张和不安。橙的芳香还能加快抑郁思绪的排除，增强对环境的适应能力。

（4）石竹香可增强记忆力，有助于人们更好地接受外部信息。

（5）老鹳草这种天竺葵属性的植物散发的气味能增强人的自信和意志，有助于改变优柔寡断的作风。

（6）姜浓郁的味道可提高应激能力，消除疲劳，增强毅力。

（7）肉桂迷幻般的香味使人乐观向上，带来一种无拘无束、轻松愉快的感觉。

（8）香柠檬可以助人减轻外部环境造成的心理压力，化解忧思忧虑。

（9）酸柠檬具有轻微的精神振奋作用，能够减轻消沉和忧郁。

（10）薰衣草是失眠症患者的“良药”，能改善抑郁症状和歇斯底里症，有助于去除紧张，平息肝火，抑制挑衅冲动。

五、香水使用

香水大多为女性所喜爱，尤其在夏天使用，更能配合不同的心情，释放出更大的功效。然而，香水的选用也特别讲究。下面便是一些建议。

香水是有个性的，每种香水都具有其意义内涵和审美效果，在选用香水时要特别予以注意。首先要分清是女用还是男用香水。其次，选用香水，要注意使用场合、对象、季节、时辰、服饰、个人年龄、个人和他人身体状况等因素。要做到个人他人相宜、场合时辰相宜、浓淡相宜，真是件不太容易的事。可以说，选用香水是对选用者文化素质和个人修养的一种测定。

令人皱眉的香水绝不是好香水。你可以有自己的爱好，但香水应是悦人悦己的用品。香水的功效在更多的场合中是创造一个更好的环境。所以，即使你喜爱某种香型的香水，但如让周围的人感到不快的话，最好进行更换。

第三篇　现代有轨电车工作人员仪态礼仪

导　读

仪态，又称体态，泛指人体所呈现出的各种姿态，包括举止动作和相对静止的体态。仪态作为一种无声的语言，在服务过程中被广泛地运用。良好的仪态不仅给乘客带来舒适的心理感受，同时也反映出现代有轨电车客运工作人员的内涵和企业的服务水平。

第一节　服务礼仪基本功

提到现代有轨电车客运服务人员，大家的第一印象是美丽优雅或帅气阳光，而一位现代有轨电车从业人员要想在乘客心中树立起如此良好的形象，需要掌握扎实的基本功等各种知识技能。我们先从服务礼仪基本功中最基础的站姿开始学习。

一、站姿

站姿是客运服务人员在服务工作中最基本的姿态之一。“站如松”是说人的站立姿势要像青松一样端庄挺拔。它是一种静态美，同时也是其他动态的身体造型的基础和起点。站姿可以体现个人的自信，衬托出气质和风度，给人留下美好的印象。

（一）站姿基本要领

客运服务人员的站姿的基本要领：头正、颈直，双目平视前方，下颌微收，精神饱满，面带微笑，双肩展开下沉放松，挺胸、收腹、立腰、提臀，重心上拔。从正面看，头正、肩正、身正；从侧面看，颈直、背直、腰直、腿直。

（二）站姿种类

1. 女士站姿

现代有轨电车工作人员的女士站姿一般分为标准站姿、叉手站姿、工作站姿等。

1）标准站姿

双脚并拢，两膝挺直并严，双臂自然下垂于身体两侧，双手自然放松，指尖向下，中指贴拢裤缝（见图 3-1）。标准站姿适用于庄严的仪式场合，如升国旗、奏国歌或是各种训练前的预备姿态。

2）叉手站姿

双手四指并拢，右手叠放在左手上，左右手大拇指内收在手心处，自然交叉于肚脐处，脚位呈“丁”字步站立，即一脚在前，靠于另一脚内侧中间位置，腿部绷直，身体的重心在两脚上（见图 3-2）。

3）工作站姿

双手交叉叠放于人体腹前、上身制服衣角向上 2 ~ 5 cm 处，右手放在左手上，左右手大拇指内收在手心处，脚位呈“丁”字步站立，即一脚在前，靠于另一脚内侧中间位置，腿部绷直，身体的重心在两脚上（见图 3-3）。

图 3-1　女士标准站姿

图 3-2　女士叉手站姿

图 3-3　女士工作站姿

2. 男士站姿

1）标准站姿

双脚跟并拢，脚尖分开 45 ~ 60 度，角度以刚好放下一拳头为宜，呈“V”字形站立，两腿绷直，腰背挺直，双臂自然下垂，手指并拢，中指压裤缝处（见图 3-4）。

2）前交叉手站姿

双脚展开，与肩同宽，脚尖朝前并且双脚平行，左手握于右手腕部，置于腹前肚脐处（见图 3-5）。

3）后交叉手站姿

脚位同前交叉手站姿，双手在身后交叉，左手握右手腕部，右手半握拳朝外，置于腰背中部（见图 3-6）。

图 3-4　男士标准站姿

图 3-5　男士前交叉手站姿

图 3-6　男士后交叉手站姿

（三）站姿禁忌

站姿禁忌如下：

（1）头部歪斜，左顾右盼。

（2）面无表情，目光呆滞。

（3）高低肩，含胸或驼背。

（4）双手抱于胸前，插兜或叉腰。

（5）腿部不停地抖动。

（6）女性站姿禁止叉开双腿。

图 3-7 展示了部分禁忌站姿。

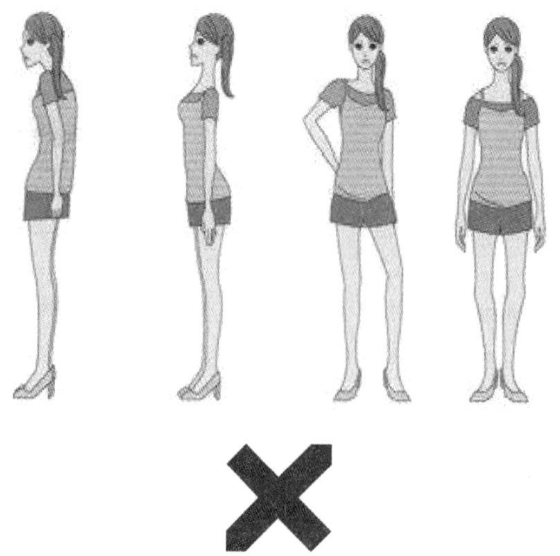

图 3-7　站姿禁忌

二、坐姿礼仪

坐，作为一种举止，同样有美与丑、优雅与粗俗之分。正确的坐姿是一种文明行为，它既能体现一个人的形态美，又能体现行为美。不正确的坐姿会给乘客一种没有精神的感觉，让人觉得没有礼貌。所以，对现代有轨电车客运人员的坐姿有十分严格的要求。

案　例

现代有轨电车乘务员苦练“内功”

淮安现代有轨电车经营有限公司为提高乘务员的服务水平，不断加强服务礼仪基本功训练。每月运营部都会组织乘务员在 100 余平方米的训练场地里强化训练坐姿等服务礼仪和标准动作，为乘客提供专业的服务。

坐姿是一种静态的仪态造型，是常用的姿势之一。“坐如钟”是说像钟一样端正不斜，给人以端庄稳重、舒适自然的感觉。优雅端庄的坐姿可以传递自信、友好、热情等信息。

（一）坐姿基本要领

坐姿基本要领：上身挺直，头正肩平，下颌微收，立颈，挺胸收腹，使背部和臀部成直角，臀部占座椅面的 2/3，上体稍前倾（见图 3-8）。

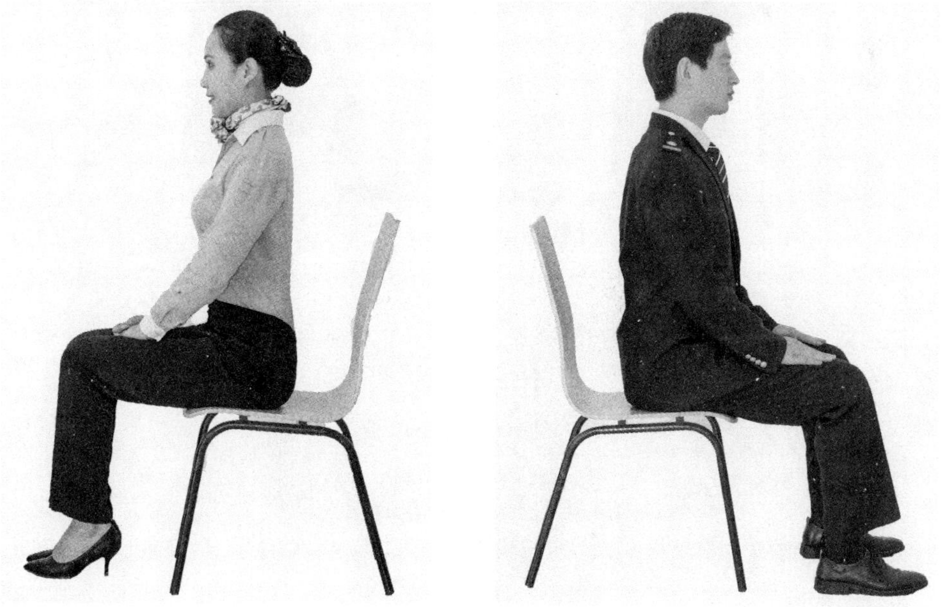

图 3-8　坐姿

1. 坐姿种类

按照性别区分，坐姿有不同的种类。

1）女士坐姿

（1）标准坐姿：在基本要领的基础上，女士要双腿并拢，大腿和小腿成直角，小腿垂直于地面，双脚并拢平落地面；双臂自然弯曲，双手虎口相交轻握放于大腿中间，面带微笑（见图 3-9）。

标准坐姿一般适用于比较庄重的场合，比如观看演出的方阵或是在重要会议上聆听领导发言等。

（2）标准侧坐姿：在基本要领的基础上，两膝并拢，双腿斜放于一侧，双手虎口相交轻握放于大腿中间，面带微笑（见图 3-10）。

标准侧坐姿适用场合非常广泛，常应用于接待工作、乘务服务等。

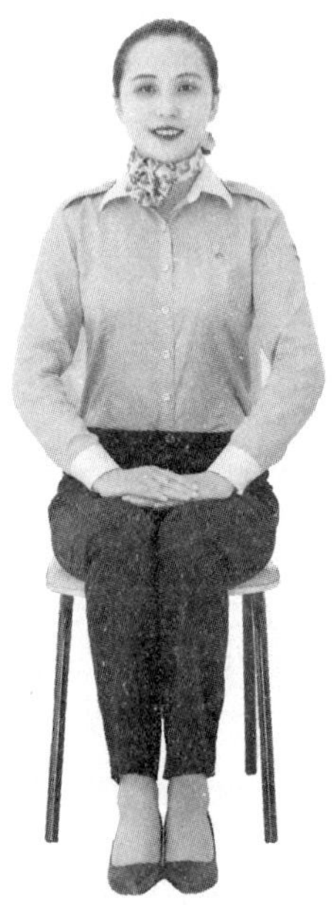

图 3-9　女士标准坐姿

图 3-10　女士标准侧坐姿

（3）掖步式坐姿：在基本要领的基础上，双膝并拢，大腿和小腿成 90 度，平行斜放于一侧后，双脚在脚踝处交叉，双手虎口相交轻握放于大腿中间，面带微笑（见图 3-11）。

这种坐姿适用于工作场景，如与领导或乘客交谈时宜采用此坐姿，可体现女性的端庄、自然、得体。

（4）交叉式坐姿：在基本要领的基础上，先将左脚向左踏出 45 度，然后将右腿抬起放在左腿上；或是将右脚向右踏出 45 度，然后将左腿抬起放在右腿上。大腿和膝盖紧密重叠，双膝并拢，交叠后的双腿之间没有任何缝隙，犹如一条直线，双手虎口相交轻握放在大腿上（见图 3-12）。

它适用于穿裙装的女士采用，是女性最优雅的坐姿，是最能体现女性腿部完美曲线的一种坐姿，展示出高贵典雅之感。

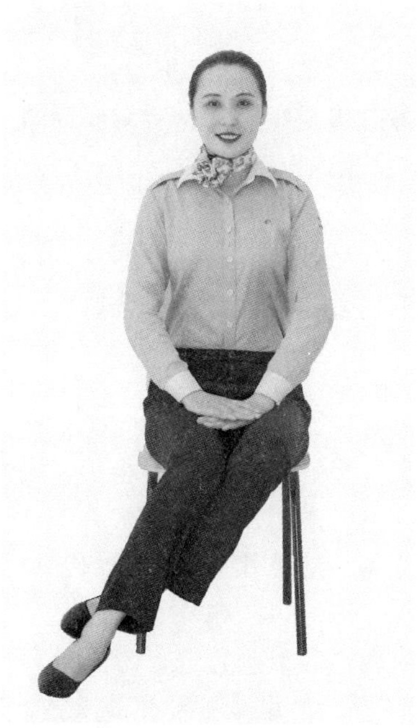

图 3-11　女士掖步式坐姿

图 3-12　女士交叉式坐姿

2）男士坐姿

（1）标准坐姿：在基本要领的基础上，大腿与小腿之间成直角，小腿与地面垂直，两脚和两膝均分开，两膝间的距离以不超过肩宽为宜，双手五指伸直并拢置于大腿中间，脚尖向前（见图 3-13）。

这是正式场合宜采用的坐姿。

图 3-13　男士标准坐姿

（二）入座与离座

1. 入座的流程和基本要求

（1）入座流程：先侧身站在座椅的左侧，右脚右移至座椅前，背对座椅站立，右腿后退一点，待小腿部确认座椅的位置后，再轻轻坐下。女士入座时要柔美，应用双手先整理裙边，将裙子后片向前抚拢后再顺势坐下，以显端庄娴雅。

（2）入座顺序：出于礼貌，应让长者、尊者优先入座。

（3）入座原则：入座时，轻而缓。座次应合乎场合，根据身份区分座次，要准确判断自己合适的位置。

2. 离座流程和基本要求

（1）离座流程：离座时，女性左脚后置一小步，男性右脚后退一小步，缓慢起身。站稳后方可离开。

（2）离座顺序：当与他人一起离席时，出于礼貌，应礼让尊长。如双方身份相似时，可以同时起身离座。

（3）离座原则：离座时，身边如有人在座，应用语言或动作先示意，随后再起身。起身时动作轻而缓，站定后再离开。和“左入”一样，“左出”也是一种礼节。

（三）坐姿禁忌

禁忌坐姿是指工作人员在工作场合与乘客交谈时不应出现的坐姿。坐姿是人际交往过程中持续时间较长的一种姿态，如果出现以下不雅坐姿，则会给对方留下轻浮且缺乏修养的印象，是失礼的举动：

（1）半躺半坐，脚蹬踏他物，脚尖指向他人。

（2）驾腿方式欠妥，跷二郎腿并颤抖摇腿。

（3）将腿放在桌椅上或是盘腿而坐。

（4）双腿叉开过大或腿部伸出过长。

（5）含胸、侧肩、耸肩、上身不正。

（6）双臂交叉抱于胸前。双手抱于腿上或是夹在腿间。

（7）上身趴伏于桌椅，弓背。

图 3-14 展示了部分禁忌坐姿。

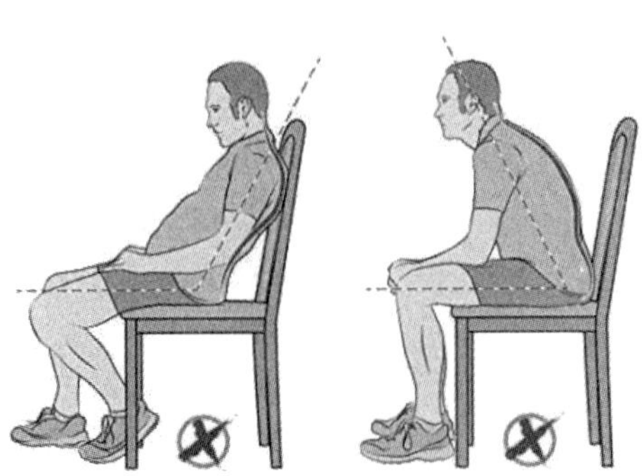

图 3-14　禁忌坐姿

三、行姿礼仪

维护一个良好的自我形象是仪态礼仪规范的实质。行，是我们日常生活、工作中经常发生的动作。作为现代有轨电车工作人员在平时就需要注意自己的行姿，培养自己的风度。

行姿是站姿的延续动作，是在站姿的基础上展示人的动态美的重要形式。“行如风”即走得优雅、轻捷，有节奏感。正确的步态可以体现出个人朝气蓬勃、积极向上的精神状态，呈现出自信、优雅的姿态。

（一）行姿的基本要领

规范的行姿是以端正的站姿为基础，上身挺直，头部保持端正，双肩平稳，双臂自然前后摆动，摆幅为 30 ~ 40 cm 为宜。两腿有节奏地向前交替迈出。重心稍向前倾，行进时方向明确、身体协调、步态平衡、步幅适中、步速均匀。

（二）行姿种类

1. 女士行姿

女士步履应轻盈优雅，展现出温柔、矫健的阴柔之美。女性脚内侧交替前行在一条直线上，脚尖向前。步幅适当，一般前脚的脚跟与后脚的脚尖相距一脚长。女士以每分钟 120 ~ 125 个单步为宜。女士穿着旗袍、西装裙、礼服时，步幅应小一些，穿裙装、长裤，步幅可适当加大（见图 3-15）。

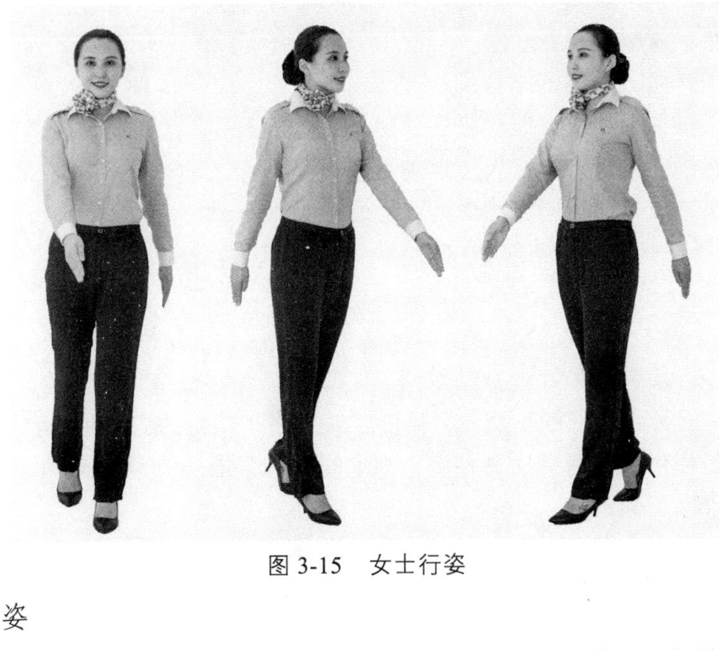

图 3-15　女士行姿

2. 男士行姿

男士步履应雄健有力，展现出英武刚健的阳刚之美。男性两脚跟可保持适当间隔，交替前行在两条相距比肩窄的平行线上，脚尖向前。在日常生活中，步幅大小因人而异，通常男士为每分钟 100 ~ 120 个单步（见图 3-16）。

图 3-16　男士行姿

（三）行姿禁忌

（1）内八字或外八字脚，步态不雅。
（2）弯腰佝背，歪肩晃膀。
（3）脚蹭地面，上下颤动。
（4）左顾右盼，扭腰摆臀。
（5）双腿过于弯曲，走路不成直线。
（6）大甩手，步子太大或太碎。
（7）双手插在裤兜中行走，给人感觉漫不经心。
（8）只摆动小臂或是同手同脚，身体不协调。

四、蹲姿礼仪

在日常生活中，人们对掉在地上的东西，一般习惯弯腰或蹲下将其捡起，而身为现代有轨电车客运人员，对掉在地上的东西，采用随意弯腰蹲下捡起的姿势是不合适的。

蹲姿是服务工作中不可避免的一种姿态。它是人体静态美与动态美的综合。蹲姿要姿态优雅，动作自然得体。

（一）允许蹲姿的情况

（1）捡拾地面物品。在客运服务过程中，拿取低处的物品或是拾起落在地上的东西时需要采用蹲姿。这是蹲姿运用最多的情况之一。

（2）给予乘客帮助。如与小孩子交谈时，可以采用蹲姿。

（3）整理工作环境。如打扫车厢卫生。

（4）提供必要服务。如蹲式服务。

（二）蹲姿种类与基本要领

1. 女士蹲姿

1）标准蹲姿

蹲时，右脚退后一小步，若女士穿裙装，应先拢一下裙摆，左膝盖稍向内侧斜，两腿靠紧向下蹲，臀部向下，重心下移，然后缓缓地、稳稳地蹲下，实行两膝高低不一致的半蹲式。上身保持挺直、立腰，起身后，收回右脚。做到轻蹲轻起，直蹲直起（见图 3-17）。

图 3-17　女士标准蹲姿

2）交叉式蹲姿

蹲时，右脚退后一小步，女士穿裙装时，应先拢一下裙摆，右膝盖交叠于左膝盖，两腿靠紧，合力支撑身体，然后缓缓地、稳稳地蹲下，上身保持挺直、立腰，起身后，收回右脚（见图 3-18）。

图 3-18　女士交叉式蹲姿

2. 男士蹲姿

下蹲时，右脚向后退半步，左脚在前，右脚在后，两腿间适度分开向下蹲。左脚全脚着地，小腿基本垂直于地面，右脚脚跟提起，脚掌着地，基本上以右腿支撑身体。注意脊背保持挺直，臀部向下，避免弯腰翘臀的姿势。做到轻蹲轻起，直蹲直起（见图 3-19）。

图 3-19　男士蹲姿

（三）蹲姿禁忌

（1）突然下蹲。忌突然蹲下去，蹲下的速度切勿过快。

（2）毫无遮掩。女士穿着裙装时，下蹲应适当遮掩避免走光和不雅观。

（3）臀部撅起。脊背应保持挺直，臀部一定要蹲下来，避免弯腰翘臀的姿势。

（4）膝盖正对着对方。忌如小孩子般随便地全蹲下去，这样会使正面形象看上去不雅观。

（5）蹲着休息。工作中忌以蹲姿休息。

（四）蹲拿物品

在拿取低处或捡拾落在地面上的物品时，应自然、得体、大方，不遮遮掩掩。可以先走到物品的一侧，男士右脚后退半步，两膝之间适当分开下蹲，两腿合力支撑身体，脊背保持挺直，避免弯腰翘臀的姿势，将物品拿起，直蹲直起。女士可采用优雅的交叉蹲姿或标准蹲姿（见图 3-20）。

（五）蹲式服务

蹲式服务是指乘务员为乘客提供服务时采用蹲姿，使乘客平视或略微俯视自己，突出“乘客是上帝”的理念，让乘客感受到被充分尊重。蹲式服务流行于空乘商务座，后被广泛应用于客运服务中。

图 3-20　蹲拿物品姿势

五、鞠躬礼仪

在现代有轨电车客运服务中，迎送乘客上车或下车，都应站在车厢门口相应的位置行鞠躬礼。正确的鞠躬礼仪是每一位客运人员必须掌握的礼仪基本功之一。

案　例

90 度鞠躬引误会

因为下雪列车延误过久，7 名乘客与站务员发生争执。站务员立即与乘客沟通，并鞠躬 90 度致歉，表达深深的歉意。7 名乘客中有两位近 70 岁的白发老人，立马不乐意了，板着脸说："因为投诉，你就咒我们不成？真晦气！"站务员一脸诧异，赶紧解释。当班组长见状，立刻上前向老人赔礼道歉并解释误会。

很多人觉得在鞠躬时腰弯得越低越表示尊重，其实不然。一般鞠躬的角度需要根据不同的场合和对象来调整。

鞠躬是问候的一部分，主要表达"弯身行礼，以示恭敬"的意思，鞠躬可以体现现代有轨电车客运服务人员恭敬、热情、真诚的服务态度，给乘客留下良好的印象。

（一）鞠躬礼的起源

鞠躬是中国自古就有的礼仪。商代有一种叫鞠祭的祭天仪式，即祭品牛、羊等不切成块，而是整体弯卷成圆的鞠形，再摆到祭处奉祭，以此来表达祭祀者的恭敬与虔诚。在现代礼仪中，援引这种形式来表达自己对地位崇高者或长辈的崇敬，弯腰，象征性地表示愿把自己作为鞠祭的一个祭品而奉献给对方。这就是鞠躬的来历。

（二）鞠躬礼的基本要领

行礼前，以基本服务站姿为基础，面带微笑，目光柔和亲切，中腰前倾 15 ~ 45 度，速度适中，前倾时，头部、颈部、背部保持一条直线，目光随鞠躬自然下垂，同时致以问候或告别语，如“你好”“欢迎乘车”等。鞠躬礼毕，随后直起身，上身抬起的速度要比下弯时稍缓一些，直起身后仍保持基本服务站姿，目光仍然礼貌地注视对方，始终面带微笑。

（三）鞠躬礼的分类

按照上身倾斜角度的不同，鞠躬礼适用不同场景。鞠躬可以分为以下四类：

（1）15 度鞠躬：又称点头礼或颔首礼，上身倾斜 15 度，适用于乘务服务的迎客和送客阶段。

（2）30 度鞠躬：上身倾斜 30 度，适用于一般用于正式社交环境和工作环境中的接待、服务，表示郑重、尊重之意。主要用于乘务工作中的致意。

（3）45 度鞠躬：上身倾斜 45 度，一般用于服务场合中的致谢和致歉，表示态度真诚而诚恳。

（4）90 度鞠躬：上身倾斜 90 度，主要适用于中国传统婚礼、追悼会等场合，在现代有轨电车服务工作中一般不适用。

（四）鞠躬礼的种类

1. 女士鞠躬礼

女性以叉手站姿站好，双手虎口相握，搭放在腹前，上身前倾，头、颈、背尽量呈直线，向前倾斜特定的角度，稍作停留（致歉或致谢时可多停留片刻）再起身，恢复叉手站姿（见图 3-21）。

15 度鞠躬　　30 度鞠躬　　45 度鞠躬

图 3-21　女士鞠躬礼

2. 男士鞠躬礼

男性以标准站姿站好，双手自然下垂，贴放在身体两侧裤线处，脚跟并拢，以腰部为轴，上身、肩部、头部前倾 15 ~ 45 度。施完礼后恢复标准站姿（见图 3-22）。

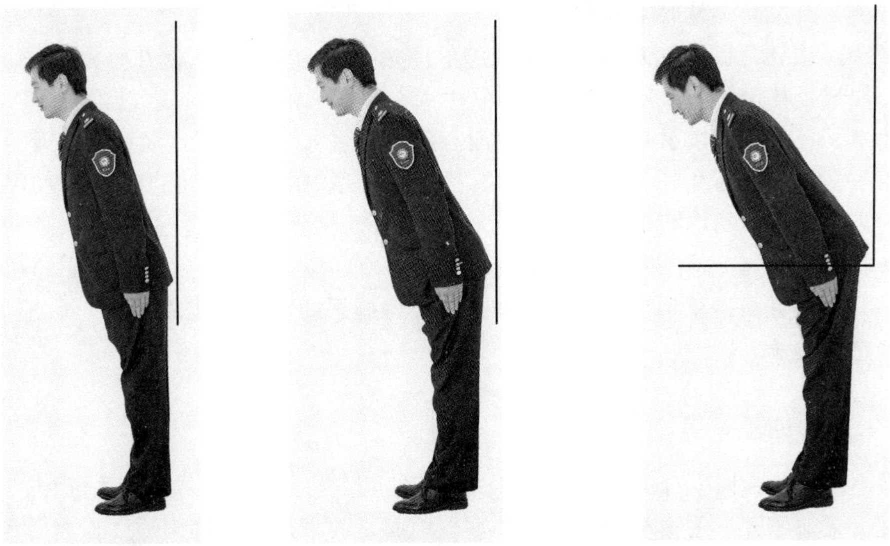

15 度鞠躬　　30 度鞠躬　　45 度鞠躬

图 3-22　男士鞠躬礼

（五）鞠躬礼的禁忌

（1）双腿没有并齐。

（2）驼背佝胸，脖子伸得太长。

（3）只弯头地鞠躬。

（4）眼睛斜视、环视或漫不经心，鞠躬随意。

（5）弯腰速度过快。

（6）鞠躬时，嘴里吃东西如口香糖等。

第二节　服务手势礼仪

一、握手礼仪

世界各国见面的礼仪各有特点，例如欧美国家习惯拥抱亲吻，日本、韩国则习惯鞠躬。握手，是我们日常生活中最常用到的礼节，多用于见面时问候与致意。它不仅适用于熟人、朋友之间，连陌生人之间都可以握手。握手礼是现代有轨电车工作人员必须掌握的礼节之一。

（一）握手起源

握手礼的起源说法不一，其中一种认为握手礼起源于中世纪的欧洲。当时恰是身着盔甲的骑士盛行的时代，他们一个个头顶头盔，身披铠甲，腰挂利剑，就连一双手也罩上了铁套，以豪气示人，让人敬而远之。骑士每见亲朋好友时便免去头盔，脱下右手的甲胄，伸出右手，表示没有武器，相互握手，表示右手不是用来握剑杀对方的，以示和平。后来，这种友好的致意方式流传到民间，就成了握手礼。

另一种说法认为握手礼来源于刀耕火种的原始时代。当时，人们在狩猎或战争中，手上都拿着石块或棍棒等防卫武器，倘若遇到陌生人，如大家都无恶意，就赶紧放下手中的武器，并伸出手掌，让对方抚摸手心，示意手中没有武器。后来这种礼俗就演变成今天的握手礼。

将握手礼作为见面礼节引入中国的，有说法应为孙中山。在 1905 年，孙中山在日本组织同盟会时规定入盟“同志相见之握手暗号”，并亲自教导会员如何行握手礼。

现代礼仪中，握手是人们在交往时最常见的一种见面、离别、祝贺或致谢的礼节。

握手并不是见面拉拉手那么简单，如果不懂得握手的礼仪规范，即使与人握手也未必能达到传递感情的效果。

（二）握手的基本要领

行握手礼时，距握手对象 80 cm 左右，两足立正，上身稍向前倾，右手前伸，自然屈肘，四指并拢，虎口张开，手抬至腰部，掌心垂直地面，面带微笑，握力适度，握手的时间一般为 3 ~ 5 秒。双目注视对方，面带微笑，并且寒暄致意（见图 3-23）。

图 3-23　握手礼

1. 握手场合

握手一般在见面和离别时用。冬季握手应摘手套，以示尊重。

2. 握手顺序

握手的顺序应遵守“尊者优先”原则，即由握手双方所处的社会地位、年龄、性别等各种条件决定。

（1）男女之间：男方要等女方伸出手后才可以握手。如女士不伸手、无握手之意，男士点头致意即可；如男方的年龄大约与女方父辈年龄相仿，男方先伸手是适宜的。

（2）长幼之间：一般来说，长者、尊者与年幼、晚辈之间，应由长者、尊者先伸手。

（3）宾主之间：主人应主动向客人伸手，表示欢迎之意；离别时，应由客人先伸手，表示再见。如果握手的顺序颠倒，容易让人误解。

（4）身份高者与身份低者之间：身份高者应先伸手，身份低者应立即伸手握之。如上级与下级之间，由上级先伸手。

（5）已婚者与未婚者之间：应由已婚者先伸手，未婚者方可握之。

（6）一人需与多人握手：此时要遵循由尊而卑的顺序。社交场合，握手次序，主要考虑年龄、性别等因素，年长者、女士为先；而公务场合，则更看重身份、职务，高者为先。同时，与人握手，要注意与对方互动。伸手过早，有时可能会陷于被动；过迟，则显得高傲无礼。

3. 握手的力度

握手时，握手力度应该适中，握得力度过大会握痛对方，握得过轻会让对方产生误会。

（三）握手禁忌

握手有以下几点禁忌：

（1）握手力度过大，抓住对方手不放或使劲地摇晃。

（2）用左手握手。

（3）漫不经心、面无表情，软弱无力或者乱用蛮力。

（4）交叉握手。不能单手放口袋中。

（5）过长时间或与第三者交谈、目视他人。

（6）手部冷湿，需处理后再握手。

（7）戴手套、墨镜与他人握手，或向下压 。

（8）与异性握手用双手。

图 3-24 展示了部分握手的禁忌。

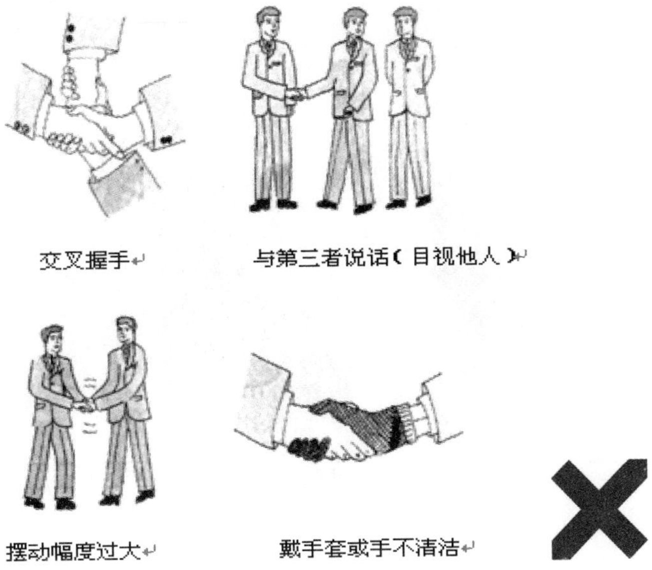

图 3-24　握手禁忌

二、递接物品礼仪

递物和接物是日常生活中常见的举止动作，但这一小小的动作往往却能给人留下难忘的印象。作为现代有轨电车客运人员，递接物品是现代有轨电车服务工作中常用的一种动作。递接物品的原则是尊重他人。规范地运用递物和接物礼仪，可以体现现代有轨电车工作人员的专业化、职业化水平。

（一）递物原则

为了体现对乘客的尊重和自己谦逊的态度，递物时上身应略微前倾，面带微笑，目视对方，用双手递交，双手的高度在胸前略微向下的位置。如果在特定场合下或东西太小时，一般用右手递物。递物时要同时使用礼貌用语“请您拿好”“请慢用”等。切不可将物品随意扔给乘客或其他人。

（二）接物原则

接物时，同样应面带微笑，目视对方，用双手承接。若原先坐着，需立即起身接物，同时必须使用礼貌用语，如“谢谢您”“麻烦您了”等。如果在特定场合下或东西太小不必用双手时，一般用右手接物品。

（三）不同物品递接方法

1. 递接茶水

递茶水时，应左手托杯底，右手将茶杯把手的一面递给对方，若茶杯没有把手可握在距杯口的 1/3 处，并说声“请用茶”，若茶水较烫，应提醒乘客“请小心水温”等（见图 3-25）。

图 3-25　递接茶水

在接茶水时，应起身或欠身，用双手去接，并表达感谢，使用礼貌用语，如“谢谢”“麻烦您了”。

2. 递接名片

在递名片时，应面带微笑，稍欠身，注视对方，双手递以示对对方的恭敬与尊重。名片应将正面朝向对方，并以让对方能正视名片内容为准递送，以方便对方观看，不可倒置（如图 3-26 所示），并用双手的拇指和食指分别轻压名片上端的两角。递名片同时要说“多指教”“多联系”等话。

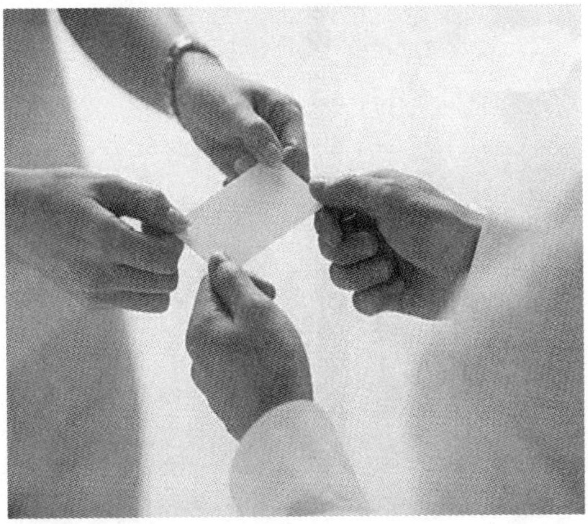

图 3-26　递接名片

在接名片时，应起身迎接，用双手的拇指和食指压住名片下方两角。接过名片后，应表示关注，认真阅读。同时点头示意道谢，不应该漫不经心。名片要十分珍惜地放进上衣口袋、名片夹或皮包内，切不可在手里摆弄。

1）交换名片顺序

男士主动递给女士；主人主动递给客人；晚辈主动递给长辈；地位低的人主动递给地位高的。如果对方不止一人，可以按照身份或是年龄由高到低的顺序递出名片。如果对方人多又不知身份，可以采用由近到远的顺序，如果是在一个圆桌可以采用顺时针方向。

2）递交名片的时间

递交名片的时间应当根据具体情况而定。如果名片持有者与人事先有约，一般可在告辞时再递上名片。如果双方只是偶然相遇，则可在相互问候，得知对方有与自己交往的意向时再递交名片。

3）递接钱币

所递物品较小，如硬币或纸币，无法双手相递时，必须用右手拿钱币，将钱币递给乘客。同时使用礼貌用语“请您拿好”等。接钱币时，应双手去接，应起身或欠身，并说符合当时情景的礼貌用语，如“谢谢”（见图 3-27）。

4）递接文件

递文件时，必须将有字的一面朝上，并且字的方向以对方可以正视为准。接文件时，起身并双手接下，并将文件放在合适的位置（见图 3-28）。

图 3-27　递接钱币

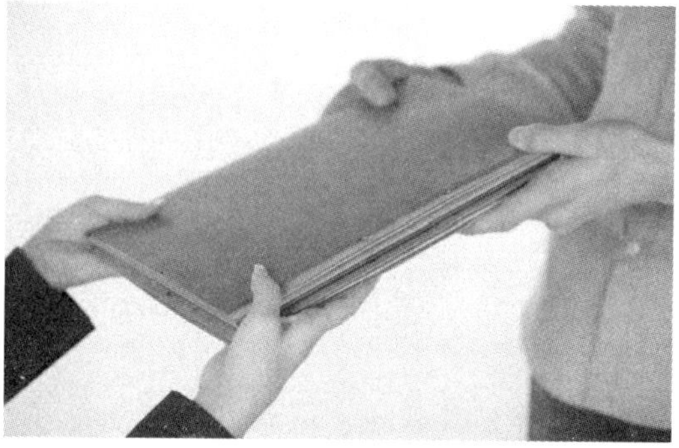

图 3-28　递接文件

5）递接工具或利刃

如所递工具有利刃，如剪刀等物件，应将尖头朝向自己；如递送水果刀，可将刀刃朝向自己或是将刀刃向下，握住刀背，将刀把朝向对方（见图 3-29）。接带有刀刃的物品，在接过后必须迅速将利刃转过来，不要继续对着对方；如所递物品有明显上下区别，如钢笔、话筒、筷子等物品，必须将上头的一面面向对方递送过去。接物时，根据情景使用礼貌用语“谢谢”等。

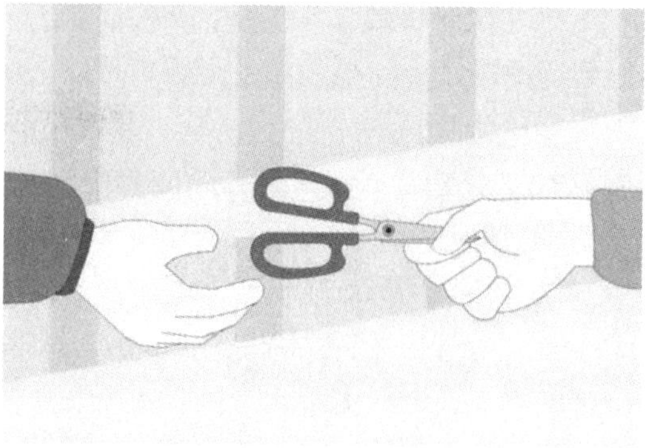

图 3-29　递接利刃

（四）递接物品的注意事项

向外籍乘客提供服务时，递接物品可先留意对方是单手还是双手，左手还是右手，随后跟着模仿。比如在泰国、印度、马来西亚以及中东的一些国家都是用右手拿物品以示尊重，忌用左手。因为他们认为左手是用来洗澡、上厕所的，是不干净的。日本人则喜欢用右手送自己的名片，左手接对方的名片。

三、指引与引导手势礼仪

指引与引导方向有前方、上方、下方，虽然只有三个引导动作，但胳膊和手掌的伸展方式以及身体姿态的协调动作都很有讲究。指引与引导是手势礼仪中最常用的，掌握指引与引导手势礼仪是服务礼仪重要的基本功之一。

案 例

不文明的手势

导游带领游客上大巴，开始清点游客人数：“一、二、三……”手心向下，食指指人（如图 3-30），大家感觉怎样？

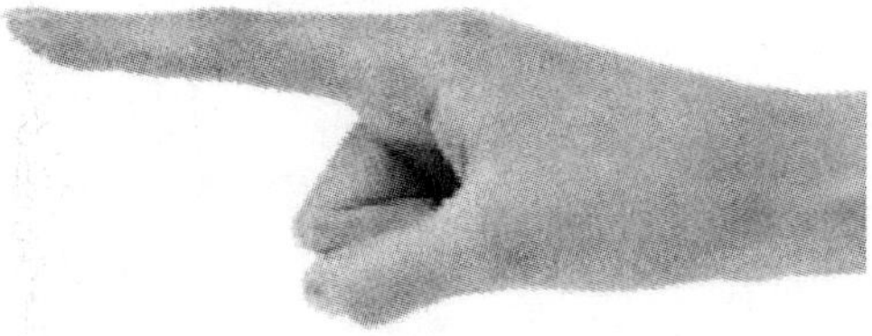

图 3-30　手心向下食指指人

从案例可知，掌心向下有傲慢之意；一个手指给人一种有教训、训斥之感。

手势即手的姿势，是指人在运用手臂时，所呈现的具体动作与体位，是服务过程中不可或缺的表情达意的体态语言，具有丰富的表现力。

（一）指引礼仪

在现代有轨电车服务工作中，指引常运用于向乘客指示方向。客运服务人员在与乘客进行沟通时，指引手势的运用要规范、适度。

1. 指引的基本要领

男士两脚成“V”字形站立，一只手背在体后腰间处，另一只以肩关节为轴，手臂从体侧或是前方抬起划向指示方向；女士则叉手站姿站立，一只手从体前腰间处抽出划向指示方向，另一只手依然置放在体前腹部。肘关节自然弯曲，四指靠拢，拇指向内侧轻轻弯曲靠向食指，手掌斜 45 度。同时目光随指示方向自然转动，配合相应的礼貌用语和表情，待乘客离去后再将手臂收回。手势要清楚明了、动作优美、自然大方，忌机械僵硬。

2. 指引的种类

1）高位手势

当要示意的位置高于人的高度时，例如示意旅客将行李放于高处的行李架时，采用此手势。小臂与大臂应成 150 度夹角，手掌的位置需略高于头部（见图 3-31）。

图 3-31　高位指引手势

2）中位手势

中位手势是最常用的指引手势。当指示方向在身体的左边时，伸出左手进行指引；当指示方向在身体的右边时，则伸出右手进行指引。同时面带微笑，加上“这边请”“请进”等礼貌用语（见图 3-32）。

图 3-32　中位指引手势

3）低位手势

当要示意的位置低于人的下半身高度时，例如指引乘客入座时，可采用此手势。指向座位方向，面带微笑，加上“请坐”等礼貌用语。可采用此手势（见图 3-33）。

图 3-33　低位指引手势

（二）引导礼仪

在现代有轨电车客运服务中，服务人员要想将乘客带到目的地时，需要运用引导手势。

1. 引导的基本要领

（1）引导位置：服务工作人员站在乘客的左侧前方，距离大约 0.5 ~ 1.5 米，传达“以右为尊、以客为尊”的服务理念。

（2）引导手势：在引导时，四指并拢，拇指靠向食指，由身体一侧自下而上抬起，以肩关节为轴，到腰的高度再从身前摆出，上身略微前倾以示尊重（见图 3-34）。

图 3-34　引导手势

（3）引导表情：引导时要面带微笑，目光要兼顾到乘客和脚下路况。

（4）引导语言：引导语应该明确而规范。多用“您好”“请”等敬语，以表达对于乘客的尊重。在引路时，要注意保护乘客的安全，适当地做些介绍和善意提醒，如“请小心脚下台阶”等。

2. 引导方法

（1）站台引导法：服务工作人员通常情况下，应让乘客走在站台内侧方，使乘客位于自身一两步之前，与乘客步调尽量保持一致。

（2）电梯引导法：引导乘客乘坐直升电梯时，服务工作人员应先进入电梯，等乘客进入后关闭电梯门，到达时，服务人员应按住“开”键，让乘客先出电梯。若引导乘客使用手扶电梯时，应使用引导手势，提醒乘客安全有序地乘坐电梯。

（3）楼梯引导法：服务工作人员在引导乘客上楼时，应让乘客走在前面，服务人员走在后面；乘客下楼时，则应该由服务人员走在前面，乘客走在后面。上下楼时应注意乘客的安全，并提醒乘客“请注意楼梯”等。

（三）指引与引导手势的禁忌

在使用手势进行指引与引导服务时，有以下几点禁忌：

（1）忌单个食指指示方向。

（2）忌手势与语言表达的内容不一致。

（3）忌单手插口袋随意的指点方向。

知识窗

常见手势在不同国家的表示含义

（1）拇指和食指合成一个圆圈，其余三个手指头伸直或者略屈：在美国和英国表示“OK”，即赞同、了不起的意思；在法国表示“零”或“没有”；在泰国表示没问题，请便；在日本、缅甸和韩国表示“金钱”；在印度表示正确、不错的意思；在突尼斯则表示傻瓜。

（2）食指和中指上伸成 V 形，拇指弯曲压于无名指和小指上：世界大多数地区用此手势伸手示数时表示“二”，也用它表示胜利的意思，据说是第二次世界大战时期英国首相丘吉尔发明的。不过在表示胜利的时候，手掌一定要向外，如果手掌内向，就是贬低人、侮辱人的意思了。在希腊，做这一手势的时候即使手心向外，如果手臂伸直，也有对人不恭之嫌。

（3）左手或者右手握拳，伸直食指：在世界上大多数国家表示数字“1”；在法国表示“请求提问”；在新加坡和澳大利亚表示请再来一杯啤酒的意思。

（4）竖起大拇指：在我国表示赞赏、夸奖之意；在意大利表示数字“1”；在希腊表示“够了”；在美国、英国和澳大利亚等国表示“好”“行”，也可以表示搭便车。

拓展阅读

拱手礼

拱手礼，又称“作揖”，是中华民族的传统礼节，是人们表示祝贺、祝愿的一种施礼方式。与西传的握手礼、拥抱礼等礼节一样，它也有一些规则讲究。

一、行礼方式

身体站立，上身挺直，两臂前伸，双手在胸前抱拳或叠合，自上而下或由内而外，有节奏的晃动。对长辈作揖时要鞠躬，如《弟子规》说的“揖深圆”。

二、行礼规则

拱手礼有阳礼和阴礼之别。

阳礼即平常我们对人行礼：男子右手握拳在内，左手在外包右手，女子则正好相反，且只压手，不抱拳（见图 3-35）。

男子行礼的手势

女子行礼的手势

图 3-35　拱手礼男女不同手势

阴礼是在丧祭活动时对先人和神灵行礼：男子左手握拳在内，右手在外包右手，女子则正好相反。

合十礼

合十礼亦称“合掌礼”，原是印度古国的礼节，后为佛教徒沿用为日常礼节，一般通行于印度和东南亚一些信奉佛教的国家和地区，我国的傣族聚居区也用合十礼。

行礼时，两掌合拢于胸前，十指并拢向上，手掌向外略倾斜，头略低，神情安详、严肃。行礼时，两掌举得越高，越表示尊敬。一般平辈相见时举到鼻子即可。

亲吻礼

亲吻礼是西方国家常用的见面礼，是表示亲密、热情和友善的一种礼节。它通常与拥抱礼同时采用，即双方见面时拥抱并亲吻。

一、亲吻的部位

在西方，根据彼此关系的不同，行礼时亲吻的部位也不相同。一般而言，长辈与晚辈之间，宜吻脸颊和额头；平辈之间，宜轻贴面；关系亲密的子女之间可吻脸；异性之间，宜贴面，男士对女士表达敬意可吻手。

二、亲吻礼注意事项

（1）行亲吻礼时，动作要轻快，勿过重过长或出声。

（2）要注意口腔清洁无异味，不要把唾沫弄到对方脸上、额上或手背上。

（3）如果不是特殊关系和特殊场合，年轻、地位低者，不要抢先施亲吻礼。

第三节　形体训练及矫正方法

一、矫正驼背的训练方法

驼背也叫圆背，是脊柱变形的一种表现。驼背是比较普遍的现象，大多是长期的不良姿势造成的。由于临床上没有治疗驼背的药物，所以只有通过形体训练加以矫正。

（一）驼背判断标准

站立时背部贴在墙上，两眼自然平视前方，请另一个人站在旁边，测量脖子后沿最凹的部位与墙面之间的距离，正常应该在 6 cm 左右，如果超过 10 cm，就是出现驼背了。

（二）矫正方法

矫正的方法是重点锻炼腰背部及胸部。其具体的方法如下：

1. 俯卧挺身法

按图 3-36，3-37，3-38 所示方法，每组做 20 次，共做 5 组。

（1）伏卧在垫子放松。把双手臂慢慢升到肩膀位置。

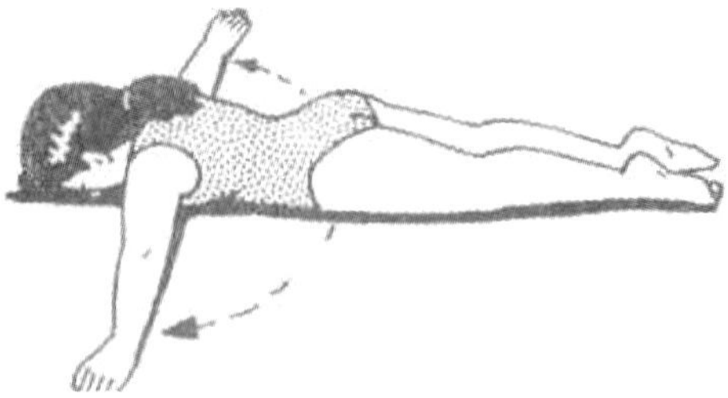

图 3-36　俯卧挺身法（1）

（2）双脚靠拢提升，此时脚尖要伸直。提升双手臂时，脖子也要提升。

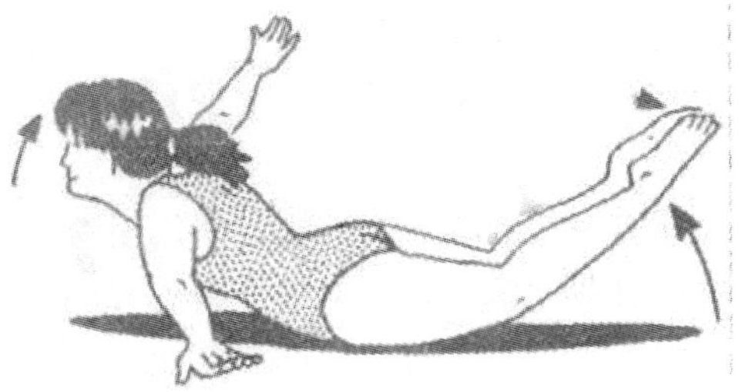

图 3-37　俯卧挺身法（2）

（3）轻轻恢复到原来状态。

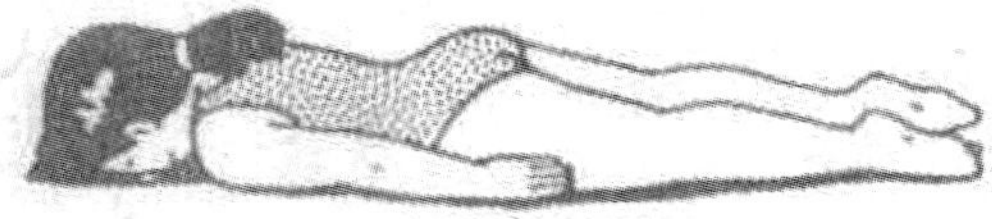

图 3-38　俯卧挺身法（3）

2. 扩胸保健操

保持肌肉松弛的状态，按图 3-39 所示方法，每组做 15 次，共做 4 组。

（1）坐在椅子边上，弯曲手臂，使手臂与肩膀平行，手指在胸前正中。

（2）慢慢把双臂拉向后方扩胸，像是肩胛骨向背中靠拢般扩胸。

（3）胸部向前突起，脖子慢慢朝上，同时慢慢吐气（约 3～5 秒钟）。脸部最好保持与天花板平行。

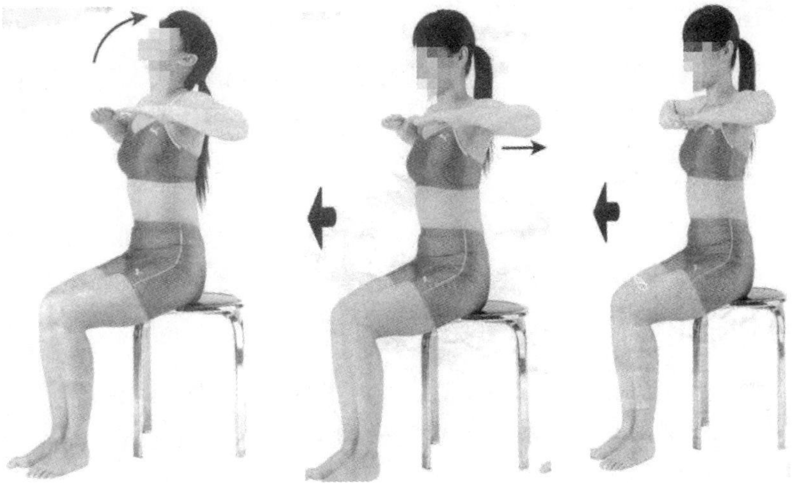

图 3-39　扩胸保健操

二、矫正“O”“X”型腿的训练方法

“O”型腿俗称“罗圈腿”“弓形腿”，在医学上称为膝内翻，指的是在膝关节处，小腿的

胫骨向内旋转了一个角度。在这里，膝内翻的定义并不是以内翻所成角的指向而命名的，而是以小腿胫骨的翻转方向命名的。膝内翻，其膝关节成角是指向外侧的，因此经常会被误称为膝外翻。

“X”型腿是指站立两膝并拢时，两脚不能并拢，间隔距离为 1.5 cm 以上。它是由于先天遗传，后天营养不良，幼儿时期坐、走姿势不正确等所引起的，造成股骨内收、内旋和股骨外展、外旋的一种骨关节异常现象。

（一）“O”“X”型腿的判断标准

1.“O”型腿判断标准

在双足跟、双足掌并拢，放松双腿直立，如两膝存在距离，就说明出现“O”型腿了。

一般根据常态膝距和主动膝距两个指标，判断“O”型腿的轻重程度。常态膝距，是指直立时两足踝部靠拢、双腿和膝关节放松时，双膝关节内侧的距离。主动膝距，则是指直立时两足踝部靠拢、腿部和膝关节向内用力并拢，双膝关节内侧的距离。

根据常态膝距和主动膝距的大小，“O”型腿分为轻度、中度和重度。一般来说常态膝距在 3 cm 以下，为轻度；常态膝距在 3 ~ 10 cm 之间的为中度；常态膝距大于 10 cm 的属重度。

2.“X”型腿的判断标准

X 型腿是指两足并立时，两侧膝关节碰在一起，而两足跟则靠不拢，走路出现两膝打架互碰的步态。同时双脚并拢后只有膝盖能接触到，大腿小腿间都有缝隙。

（二）矫正方法

1. 弓步侧压腿法

一腿弯膝，另一腿直腿侧伸或弓步，两手分别扶在两膝部位做压腿，直腿一侧的手臂用力向下压膝关节的外侧部位。两腿交替进行，一腿压 30 次，各边交替进行 2 次。

2. 杠铃夹腿深蹲法

肩负适当重量的杠铃，两腿分开约同肩宽，慢慢下蹲至全蹲（膝角小于 90 度），然后快速夹腿直立，1 组做 8 ~ 10 次，共做 4 ~ 6 组。

3. 并腿蹲起法

两脚及两腿并拢，俯身站立，双手扶膝，做往里推夹的动作（两腿不要分开），接着做下蹲与起立动作 1 次，再做向左与向右转动膝盖的练习 1 次，如此反复，每 15 次为 1 组，共做 3 组。

4. 两腿夹书法

在踝关节上部（小腿下部）夹一本厚薄适宜的书，坐在椅子上，两腿伸直、夹紧，坚持数分钟内不让书本落下。练习时可在膝关节下部扎一根绳子，效果更好。

三、矫正鸡胸的训练方法

鸡胸又称鸽胸，指胸骨向前隆起畸形，状如鸡、鸽子之胸脯。矫正鸡胸应重点锻炼胸肌外侧肌肉及背弓的柔韧性。自我矫正的训练方如下。

1. 双手推膝法

采用坐姿，两臂体前交叉，按在异侧腿的膝部。随即吸气，双手向外推膝，同时两大腿内收用力保持膝不动，持续对抗一段时间（5 ~ 8 秒钟）。然后呼气，还原放松。重复 10 ~ 15 次，共练习 3 组。

2. 双手夹提重物法

双手掌在胸前夹住并提起重物（如书本、杠铃片、砖等），稍停 5 ~ 8 秒钟后再把重物放下。用力夹提时吸气，还原放松时呼气，重复 10 ~ 15 次，共练习 3 组。

3. 宽撑距俯卧撑法

两臂伸直撑在地垫上，两手掌间距宽于肩距，使肩胛骨略向前倾，头稍抬起，眼看前方。随即呼气，两臂屈肘，使躯干保持伸直，慢慢下降至最低位置。稍停 2 ~ 3 秒钟。然后吸气，用力伸直两臂，胸部挺起，还原成全身挺直的姿势。重复 10 ~ 15 次，共练习 4 组。

4. 平卧扩胸法

仰卧在长凳上，两手握拉力器，掌心相对，两臂伸直持器械置于胸部上方。然后吸气，两臂向两侧慢慢将弹簧拉力器向两侧及下方拉开到两手略低于两肩，稍停 2 ~ 3 秒钟。接着呼气，缓慢还原。重复 10 ~ 12 次，共练习 4 组。

四、矫正高低肩的训练方法

高低肩是由于长期单侧挎包或单肩扛、手提重物，使两肩用力不均，造成肩部下肌群紧缩，上臂肌拉长而成斜肩，从而导致两侧肌肉形态不一。矫正的重点应加强肩部、颈部、背部肌肉锻炼。下面介绍一套矫正操。

（1）上身直立，两脚分开，与肩同宽，两手持哑铃垂于体侧，然后吸气，同时两臂做侧上举。放下还原时呼气。重复 10 ~ 15 次。

（2）两脚开立，与肩同宽，偏低一侧手持哑铃做单侧耸肩，另一侧手叉腰，意念集中，重复做 10 ~ 15 次。

（3）两脚开立，用偏低一侧的单臂做哑铃正推举，意念要集中，重复做 10 ~ 15 次。

（4）单杠正握悬垂 10 ~ 15 秒钟。

（5）单杠双臂正握悬垂颈后，做引体向上 8 ~ 10 次。

（6）单杠双臂正握悬垂，向后收腹团身翻臀成吊肩悬垂，接着再向前提臀翻转还原成正悬垂。重复做 8 ~ 15 次。

（7）偏低一侧的单臂做单杠悬垂动作 10～15 秒钟。

良好的体态是现代有轨电车工作人员维护企业形象的关键，只有通过严格、系统的专业礼仪训练，才能使员工在仪态等方面得体、美观，真正体现出员工的个人素养，从而提升企业形象，获得乘客的好评。

第四篇　语言艺术与沟通技巧

导　读

人们的沟通是个十分复杂的过程，并受到不同的沟通对象、沟通目的的限制。作为现代有轨电车服务工作人员，运用文雅准确、标准清晰的语言及沟通技巧与乘客有效沟通则体现了个人修养和职业素质。

第一节　语言与语言艺术

“思风发于胸臆，言泉流于唇齿。”会说话是人类区别于其他一切动物的根本属性，也是人与人之间交际的最基本条件。但“会说”绝不是人的先天本能。在生活中，口语表达千差万别，即便一样有着良好的主观愿望，有人一句话就把人说笑，也有人一句话却把人说跳。刘勰在《文心雕龙》中说：“虽精义曲隐，无伤其正言；微词婉晦，不害其体要。体要与微词偕通，正言共精心并用；……”作为现代有轨电车客运人员要了解一定的沟通技巧，掌握语言艺术。

语言是沟通信息、表达思想、交流情感、建立友谊的桥梁。语言沟通是人际交往中重要的工具和手段。准确地运用文明、规范、清晰的语言是每一个现代有轨电车工作人员应具备的基本职业素养。

一、语言礼仪的基本要求

语言体系主要分为声音语言和体态语言。在服务的过程中，语言运用多以声音语言为主，体态语言为辅。

1. 态度诚恳亲切，措辞谦逊文雅

尊重是礼仪的本质特征。在交谈中，坚持以礼貌、尊重、真诚、友善为基础，态度亲切、诚恳、推心置腹，能缩短彼此之间的心理距离，有利于营造互相信赖的良好交流氛围。措辞要谦逊文雅，对他人多用敬语、敬辞，对自己则用谦语、谦辞，即外敬内谦。只有由衷地、真诚地对人尊重，才能在语气上表现出恭敬之情。

2. 遣词用句准确得体

同样的意思，不同的表达方式产生的效果是不一样的。善于表达的人，能够把自己的意思、情感恰如其分地表达出来，效果往往事半功倍；不善于表达的人，话一出口就有可能引来许多不必要的麻烦，想办的事情也无法办好。遣词用句要注意以下三点：一是杜绝不当省略，二是避免词不达意，三是注意语言的逻辑结构。

3. 称呼问候礼貌适宜

称呼是彼此之间的关系定位。人际关系，礼貌在先；与人交谈，称呼在先。尊敬、亲切、文雅的称呼可使双方心灵沟通、感情融洽，缩短彼此之间的距离。招呼对方要遵循先上级后下级，先长辈后晚辈，先女士后男士，先疏后亲的顺序进行。

4. 吐字发音清晰准确

在日常语言沟通中，吐字要清晰，发音要准确。只有发准每一个字、词的读音，交际活动才能更好地进行下去，否则容易造成歧义和误解，影响表达效果。

5. 语气语调亲切自然

（1）音色优美。声音应甜润动听或浑厚磁性，让乘客产生美感。

（2）音量适度。说话声音不宜过高或过低，音量大小应以让人听清楚为好。

（3）音调柔和。明朗、低沉、愉快的音调最吸引人。语调应抑扬顿挫、亲切热情，既不能嗲声嗲气、矫揉造作，又不能生硬机械。

（4）语速适中。说话时要依据实际情况的需要调整快慢，说话速度不要过快，尽可能地娓娓道来，给他人留下稳健的印象，也给自己留下思考的余地。

6. 体态语要谦和自然

体态语，言而简之就是一种通过身体姿态、神情举止来达到交流目的的沟通方法。体态语是声音语言的辅助表达工具，能够帮助人们更好地传递情感信息。恰当地运用体态语言，可以准确地表达自己的意思。如谦虚善意的体态语能让乘客感受到尊重，和蔼可亲的体态语能让乘客感受到亲切。

二、语言表达方式

在为乘客服务的过程中，语言表达方式要恰当，过于生硬的语言会引起乘客的反感或者逆反情绪。

案 例

换种方式消除矛盾

某高铁列车内，一位抱着孩子的男性乘客坐在车厢5排A坐。列车开动后，乘务员小陈开始例行查票，当她来到5排A坐时，看到该男性乘客的孩子正拿着安全逃离锤四处挥摆，十分危险，小陈立马眉头紧锁，口气急迫地跟男性乘客说：“这是你家孩子吧，不要动安全锤，砸到车窗怎么办，搞坏了你是要赔偿的。”男性乘客听到小陈的话当即发火：“老子赔得起，我儿子想怎搞就怎搞，关你什么事!”就在场面一度非常尴尬的时候，列车长老吴走了过来对男性乘客说：“这位先生，安全锤虽不是利器，但是孩子年幼，玩耍起来伤到自己和别人都不好，万一砸到玻璃，孩子极有可能受伤，玻璃谁都赔得起，但谁也不想看到孩子被伤害，是不是？”听到乘务长这么说，男子的情绪平复了很多，他从孩子手中拿回安全锤放回原处，并抱好了小孩。

1. 征求式

征求式语气是在服务工作中最常用到的，如“请您不要在车厢内吸烟好吗？”等。在向乘客提出要求时，乘务员用征求意见的口气去询问，语气温柔和蔼，会让乘客感到自己得到应有的尊重，自然也就会配合服务人员的工作。

征求式的语气常用于需要乘客配合工作的情况。询问时，乘务员要灵活机动，如果询问效果不佳，应当更换交谈方式，不要生搬硬套地只用一种交谈方式，以免造成与乘客的关系僵化，不利于事情的解决。

2. 商讨式

商讨式语气是服务人员在进行协调时经常用到的一种交谈方式。如“如果您方便的话，能不能与后排的一位乘客换一下座位？”用商量的语气与乘客交谈，让乘客得到充分的尊重，使其能配合或协助完成某项工作。

在使用商讨方式交谈时，一定要注意意思的表达，不要让乘客理解为“其他乘客比我重要”，应先肯定商讨的对象，然后再提出需要商讨的问题，要让乘客受到尊重的同时觉得自己也做了件助人为乐的好事。

3. 委婉式

服务人员在服务过程中，常会遇见一些不能正面劝解的问题。对于此类问题，可以用委婉式语气与乘客交谈。如“请您原谅，安全锤是在紧急的情况下才可使用的，请您不要随意玩耍。”

对于无理取闹的乘客，服务人员需要有更多的耐心，用委婉的语气进行劝导。

4. 恳求式

恳求式语气一般用于服务人员处于弱势时，通过恳求的语言“以情动人”松懈对方的情绪，也是一种心理“战术”。

三、语言表达技巧

语言表达需要技巧，服务人员在为乘客提供服务时，应注意交谈的用语，要给乘客一种诚恳、亲切、自然的感觉。

1. 询问的技巧

询问在服务人员的服务工作中是十分重要的，它起着解释、诱导、提示和打破僵局的作用。服务人员向乘客提出问题时要把握好尺度，掌握提问的技巧。

1）直接询问型

直接询问是指服务人员可以直接向乘客提出疑问，请求乘客给予解答。这种提问方式比较简单明了、节省时间，能方便快捷地得到答案。

2）诱导型询问

在不想被乘客发现自己意图的情况下，服务人员可以采用诱导型询问。用牵引思路的方式一步一步询问，辗转迂回，将乘客的思路引导至自己预定的方向上来，从侧面得到自己想要的信息。

3）选择型询问

选择型询问，即服务人员向乘客提出问题时，将预计的答案一并提出供其选择。大多时候选择型询问是用于征求对方的意见。

4）提示型询问

在不便直接向乘客提出建议或要求的情况下，服务人员可以采用提示型询问的方式暗示乘客。提示型询问是一种比较委婉的交流方式，可以让乘客避免尴尬，从而比较轻松地达到了解某些问题的目的。

2. 回答的技巧

服务人员在回答问题时，应当诚恳、及时，让乘客感觉到他的问题受到了重视，人格得到了尊重。询问需要技巧，回答也需要艺术。并不是乘客询问什么，服务人员就必须回答什么，先思而后答，机智、灵巧、礼貌才是真正的妙答。

1）直接式回答

直接式回答是最常用、最普通的一种回答方式。这种方式简单、直接，用于回答乘客合理的简单询问。

2）设定前提式回答

在回答乘客提问时，服务人员不便将答案直接说出口或者不便回答，采用设定一个前提条件，或者假设一种环境的方法。

例如，乘客问："你长得这么漂亮，怎么不去当明星啊，当乘务员不委屈了你吗？"乘务员答："如果我去当了明星，谁在这给您服务啊？"

3）巧借前提式回答

如果乘客提出让人尴尬或难以回答的问题，服务人员可以接着乘客的话语，用自己组织的语言将尴尬的场面或困境补救过来。

例如，乘客问："你们的有轨电车怎么跑得这么慢啊？"乘务员答："乘客您好，根据道路安全规则要求，我们的速度只能在最高限速内，因平交路口比较复杂，出于对乘客安全考虑和乘车舒适性，我们规定了路口和区间的行驶速度，给您带来不便，请您谅解。"

4）答非所问式回答

答非所问实际上是一种回避术。在服务的过程中，服务人员常会遇到乘客询问一些不便回答的问题，这时可以采用答非所问式的回避术，避开话题，脱离尴尬。

例如，乘客问："你今年多大了？"乘务员答："我已经参加工作好几年了。"

5）否定前提式回答

有时乘客提出的问题或阐述的观点，需要工作人员否定，但又不能正面否定，这时可以用否定前提式的方法给予回答。

例如，乘客问："有轨电车中途可以停吗？"

乘务员回答："对不起，先生，中途不能随意停靠，您要去哪里？我可以为您参考就近下车站点。"

6）无效式回答

无效式回答也是一种回避术，即虽回答了但等于什么都没有说。在问题不能回答或没有必要跟随乘客的话题时，可采用无效式回答来阻止乘客的继续发问。

例如，乘客问："你电话号码是多少啊？"乘务员答："您好，如果您想了解公司的相关信息或对我本人的服务有意见和建议，可以拨打我们公司服务热线进行询问和反馈，谢谢。"

7）将错就错式回答

有时乘客在与乘务员交谈中，无意间说错话，造成尴尬的场面，乘务人员可以将错就错，对话题进行弥补，以促其自省，也给乘客找个台阶下。

3. 拒绝的技巧

服务人员在为乘客服务时，乘客提出的要求有合理的，也有不合理的。对不合理的要求，要注意拒绝的语言技巧，拒绝对方时应少用"不"字，尽量采取委婉的拒绝方式，但也要注意对乘客的尊重和礼貌。服务人员的拒绝技巧有以下几种。

1）诱导对方自我否定式

诱导对方自我否定，是根据乘客提出的问题，用类似的问题引导对方，并用乘客的回答给予他自己的答复。

例如，乘客问："你们公司每年能赚多少钱啊？"

乘务员答："您好，我的工作职责是客运服务工作，您提出的问题已超出我的职责范围，如果您有什么想要了解的，可以拨打公司服务热线进行询问，谢谢。"

2）推脱拖延式

推托拖延是通过将激化点转移，对事情处理或执行时间进行拖延，以达到拒绝的目的。

3）先同意后拒绝

这种方式是指先同意乘客的要求，而后设计一个补充的条件，从而达到拒绝的目的。

4）避实就虚

避实就虚是一种岔开话题的方法，将回答的重点放在非问题重心的地方，既让回答模棱两可，又无懈可击，从而达到拒绝的目的。

例如，乘客问："你的服务态度真好，可以请你吃饭吗？"

乘务员答："谢谢您的夸奖，这是我们应该做的，欢迎您下次继续选择有轨电车出行。"

第二节　服务用语

现代有轨电车客运服务中，要运用服务用语。服务用语是客运人员在服务中，用来与乘客进行信息沟通的重要的、基本的交际工具。服务用语必须讲究语言的艺术性，要根据工作岗位的服务要点和特点，灵活地掌握并运用。

一、服务用语的要求

1. 语言表达规范

在服务时，应注重语言沟通，尊重乘客。语言表达应规范，准确明了、言简意赅，使用普通话，避免使用方言、俗语和口头禅。吐字清晰，语速适中，音量适度，语气柔和、沉稳。良好的语言表达，能使乘客感到亲切温暖，拉近服务人员与乘客之间距离。

2. 文明用语

在与乘客交流、沟通中，服务人员应该坚持使用“十字”文明用语“您好、请、对不起、谢谢、再见”等。要经常使用敬语服务，做到“请”字开头，“谢”字随口，“好”字结尾。

小喇叭

活用“十字”文明用语

一个“请”字，温暖你和我；
一个“谢谢”，拉近你和我；
一句“对不起”，融洽你和我；
一句“再见”，铭记你和我。

3. 称呼确切

应根据乘客的不同身份使用恰当的称呼用语。统一称呼时，应称“各位乘客”。个别称呼时为“同志”“小朋友”“先生”“女士”等。避免使用“小姐”称呼女性，不得使用“喂”等不礼貌用语称呼乘客。对外籍旅客可使用外语称呼。

二、客运岗服务用语

1. 乘客购票

乘客购票时不同场景中的服务用语与注意事项如表 4-1 所示。

表 4-1　购票时不同场景的服务用语与注意事项

场景	服务用语	注意事项
乘客持币上车时	“您好，请在此投币。”	乘务员向右前方指引
乘客持卡上车时	“您好，请在此刷卡。”	乘务员向左前方指引
乘客询问有轨电车票价时	“您好，全程票价为 2 元。”	面带微笑，目光谦和
乘客问在哪购票时	“您好，有轨电车实行刷卡、投币和手机扫码支付购票制度，不找零不兑零，谢谢。”	面带微笑，目光谦和

续表

场景	服务用语	注意事项
乘客询问储值卡能否多人同时使用时	“您好，储值卡是可以多人同时使用的。”	面带微笑，目光谦和
乘客询问小孩是否有半票时	“您好，按照有轨电车规定，如果小孩没有超过 1.3 米，一位成年人只可以免费携带一名小孩乘坐有轨电车。”	面带微笑，目光谦和

2. 服务等待

（1）有其他乘客提出服务要求，面向乘客微笑说：“请您稍等。”

（2）处理完当前乘客事务后，面向乘客微笑说：“您好，请问有什么可以帮您吗？”

3. 无票

乘客表示无票或车票遗失时，应态度和蔼，面带微笑说：“您好，按规定，您需要补齐票款!”

4. 其他服务用语

其他场景下的服务用语如表 4-2 所示。

表 4-2　其他服务用语

场景	服务用语	注意事项
乘客问询时	“您好，请问有什么可以帮助您？”	停下来面对乘客立正站好，面带微笑
有乘客走近时	“您好，请问有什么需要帮助吗？”	主动询问
如果不知如何回答或对情况不明时	“对不起，请您稍等。”	走到一边询问其他同事，给乘客满意答复
看到老、弱、病、残等需要提供帮助的乘客时	“您好，请问需要帮助吗？”	主动走到乘客面前，面带微笑
当发现乘客不知如何刷卡投币时	“您好，请在您的右手方向刷卡，或者在您的左手方向投币。”	应主动走上前，微笑引导乘客
要求乘客排队刷卡投币（高峰期）时	“各位乘客，请按秩序排队刷卡投币，谢谢您的配合!”	指引手势规范，面带微笑
请乘客到人少的另一个门乘车时	“各位乘客，本列车另一个上车门乘客较少，为了节省您的时间，请到另一个车门上车，谢谢您的配合。”	指引手势规范，面带微笑
某一方向列车服务终止时	“各位乘客请注意，本次列车为××号线开往××方向的末班车。”	面带微笑，态度温和
发现乘客携带“三品”、气球、宠物、超长、超重物品候车时	“您好，对不起，根据规定，您不能携带×乘坐有轨电车，谢谢您的合作。”	应礼貌给予制止，认真做好解释工作
当有乘客在车内吸烟时	“您好，为了乘车安全和他人健康，请不要在有轨电车内吸烟。”	面带微笑，态度温和

三、车站引导岗

车站引导时的服务用语与注意事项如表 4-3 所示。

表 4-3　车站引导不同场景的服务用语与注意事项

场景	服务用语	注意事项
列车进站前及进站时	“各位乘客，站台××部候车的乘客，为了您和他人的安全，请站在安全线内排队候车。”	态度和蔼，面带微笑
	“各位乘客，为了您的安全，请勿手扶护栏，请排队候车，谢谢配合！”	
	“各位乘客，由于现在站台乘客较多，请到站台××位置候车，谢谢配合！”	
乘客越出黄色安全线时	“各位乘客，为了您的安全，请站在黄色安全线内排队候车。”	态度和蔼，面带微笑
站台乘客较多或依靠站台门时	“上车的乘客请注意，请小心电车与站台的空隙，先下后上，谢谢配合！”	态度和蔼，面带微笑
电车将要关车门时	“各位乘客，车门即将关闭，没有上车的乘客请您耐心等候下一趟车，请不要越出黄色安全线，谢谢合作！”	态度和蔼，面带微笑
乘客带气球进站乘车时	“您好，为了您和他人的安全，请不要携带气球乘车，谢谢合作！”	态度和蔼，面带微笑，及时制止
发现小孩在站台上追逐奔跑、打闹时	“请不要在站台追逐、奔跑、打闹。”	态度和蔼，面带微笑，及时制止
列车服务终止时	“各位乘客，今天的现代有轨电车服务已经终止，请您选择其他交通工具，谢谢。”	态度和蔼，面带微笑
当乘客询问乘坐的路线时	“您好，请从这边上车。”或“您好，请到这边候车。”	态度和蔼，面带微笑
乘客在站台蹲姿候车时	“您好，为了您的安全，请您不要使用蹲姿候车，谢谢合作。”	态度和蔼，面带微笑
发现乘客抢上抢下时	“您好，请您耐心等候下一趟车。”	态度和蔼，面带微笑

四、常用客运服务英语

在经济全球化的今天，国际交流日益增多，各类交通工具的外籍乘客数量急剧上升，而英语作为当今世界主要的国际通用语言，使重要性日益突出。

作为现代有轨电车客运人员，在日常工作中，会遇到来自世界各地的乘客，如果遇到外籍乘客却无法沟通，会产生诸多不便，也无形中降低了乘客满意度。因此，为了提高服务能力，提升服务水平，掌握一些客运服务英语显得格外重要。

1. 安检员常用服务英语

（1）Hello! Please show your ID card.

您好！请出示您的身份证。

（2）Sir/Madam, please put your carry-on luggage on this belt.

先生/女士，请把您的随身行李放在这个传送带上。

（3）Please take off your coat.

请脱掉您的外套。

（4）Have you got any matches, lighters with you?

请问您有火柴、打火机在身上吗?

（5）Excuse me, sir! The alarm bell rung when you passed the gate, please stand on the checking table.

不好意思，先生！您通过安检门的时候警报响了，请站在检查台上接受检查。

（6）Please take out the things in your pocket. (What’s in your pocket?Please take it out.)

请取出您口袋里的东西。

（7）Please open your bag for a further check.

请您打开您的箱子做进一步检查。

（8）Sorry sir, I’m afraid your identity card is over the time limit.

抱歉，先生，恐怕您的身份证已经过期了。

（9）There is something wrong with your identity card, just wait for a moment please.

您的身份证有点问题，请稍等一下。

（10）Sorry sir, please wait right here, don’t leave.

抱歉，先生。请在此等候，不要走开。

（11）Excuse me, that machine doesn’t work, this way please.

抱歉，那台机器发生了故障，请您走这边。

（12）For your safety sake, we should have a check and hope you cooperate with us.

考虑到您的安全，我们必须进行检查，希望您和我们合作。

（13）No dangerous articles are allowed to the street car.

禁止携带危险品上车。

（14）It’s forbidden to carry any kind of weapons，ammunition，aggressive tools and flammable, explosive, corrosive, radioactive, poisonous articles on the street car.

任何武器弹药、攻击性的器械以及易燃易爆腐蚀性放射性有毒物品都禁止带上车。

2. 乘务员常用服务英语

（1）I’m the conductor of this car. If you need my help, please let me know.

我是本车的乘务员。如果需要帮助，请告知。

（2）Welcome aboard our car. I’ll be at your service during the whole journey.

欢迎乘坐我们的列车，我将全程为您服务。

（3）Please help us to keep the car clean.

请保持车厢卫生。

（4）Please take your belongings with you.

请带好自己的行李物品。

（5）Take care when you get off the car.

下车请当心。

（6）We are looking forward to having you here again.

我们期待着您下次乘车。

（7）Enjoy your stay in HuaiAn.

祝您在淮安愉快！

3. 站务员常用服务英语

站务员是在站台为乘客服务的窗口岗位，其需要解答乘客的疑问，包括询问车次站点等问题。因此，站务员岗位需要耐心、细心与快速的反应力。站务员应掌握常用服务英语。

（1）A：Could you do me a favor?

能帮我一个忙吗？

B：Yes，by all means.

完全可以。

（2）The toilet is over there.Go straight and turn right.

洗手间在那边，直走右转。

（3）There is not much time left, you should be hurry up.

剩下的时间不多了，您要快一些了。

（4）Here you are，this is time-table.

这是我们的列车时刻表。

（5）Sorry, my English is very poor, please speak more slowly.

抱歉，我的英语水平不好，请说慢一些。

（6）Hope you'll come to China again.

希望您再来中国。

（7）Wish you have a nice ride.

祝您乘车愉快。

五、服务忌语

在服务中，严禁使用服务忌语。如："喂！你怎么这样！""自己不会看啊？""着什么急啊？""下次别这样了啊！""没看忙着吗？""有本事你投诉我啊！""你怎么这点常识都不懂！""你这人怎么这么多事儿！""你以为你是谁啊？"及其他类似的语言。

服务忌语的对应正确表达如表 4-4 所示。

表 4-4 服务忌语的正确表达一览表

序号	服务忌语	服务正确用语
1	你	先生/女士
2	喂！	早上好/中午好/您好

续表

序号	服务忌语	服务正确用语
3	OK	谢谢/多谢/麻烦了
4	拜拜	再见
5	什么？	请问有什么可以帮您呢？
6	说什么？	对不起，麻烦您重复一次
7	好啦！	好啊，没问题
8	这个不是我们处理的问题，我帮不了你	对不起，我会立刻/尽快帮您解决
9	一言不发	不用客气
10	只点头	明白
11	等我教你啦！	让我告诉您
12	我现在很忙	麻烦您在这里等一等，我去找同事来帮您

第三节　服务沟通技巧

在现代有轨电车服务过程中，如果能够与乘客进行有效沟通，不仅能提供乘客需要的服务，也能化解不必要的冲突和误会。这就需要现代有轨电车客运人员对乘客有一定的了解，掌握服务沟通技巧，这样才会事半功倍。

服务的过程就是沟通的过程。掌握一些实战性的沟通技巧，既有利于与乘客保持良好的沟通，又有利于提升自身的服务能力，从而更好地完成服务任务，达成服务目标。

一、服务中的沟通技巧

俗话说：“良言一句三冬暖，恶语半句六月寒。”沟通是一门艺术，需要一定的方法和技巧。

1. 全面地了解乘客

现代有轨电车服务人员在与乘客沟通之前，需要做好准备工作，只有了解乘客的需求、行为习惯、情绪状态，才能开展有效沟通。

1）了解乘客的个性和情绪状态

使用沟通技巧和沟通策略，都要建立在确定乘客个性、情绪心境的基础上。只有了解乘客，才能把握最有利的沟通时机。

2）了解乘客的观点和态度

沟通的目的是解决问题，因此在沟通之前服务人员只有了解乘客的观点和态度，才能做到有的放矢，才能真正解决问题，使服务有意义。

3）了解乘客的思维方式

对于同样的事情，乘客的思维方式不同，轨道交通服务人员要洞察乘客的真实想法，以不同的方式与其沟通，最大限度使乘客满意。

2. 善用语言

现代有轨电车服务人员可以充分运用体态语言和非体态语言与乘客进行有效的沟通。

1）体态语言的运用

面部表情、眼神目光、行为举止都属于体态语言。真诚地微笑是沟通的最佳动力，而微笑需要眼神来表达内心的真诚，需要行为举止来传递亲切感，从而获得乘客的信任。

知识窗

体态语言的内涵

通常情况下，体态语言有如下内涵。

1）搓手——焦虑、无奈、信心不足。

2）双臂在胸前交叉——缓解紧张与矛盾心情，下意识地达到防御，镇定与伪装的作用。

3）单肩抖动——表示不自信。

4）注意对方的眼神——可能在撒谎

5）眼睛向左看——表示回忆中。

6）抬起下巴——表示十分尴尬。

7）用手抚额头——表示羞愧。

8）瞳孔放大——表示恐惧、愤怒。

9）鼻孔外翻，嘴唇紧闭——表示生气。

10）下巴扬起，嘴角下垂——表示自责。

11）提高右边眉毛——表示很疑问。

12）嘴唇左边向撩起来——表示假笑。

2）非体态语言的运用

合理运用停顿、重音、语气和语调，能使乘客感受到亲切和真诚，使沟通更加顺畅。

（1）灵活运用重音和停顿。与乘客沟通时，可以把非常重要的内容进行重复强调从而达到沟通的目的。此外，巧妙地利用停顿可以提高沟通的效率，这样既可以整理前面的信息与情态，又可以为后面的沟通做铺垫，有利于信息消化和沟通的顺利进行。

（2）合理运用语气和语调。运用合适的语气与乘客沟通，往往能起到很好的效果。例如，在为乘客提供服务时柔弱的语气给人温和、友善的感觉；活泼的语气给人积极的感觉；急促的语气给人紧迫的感觉。

3. 耐心倾听

倾听属于有效沟通的重要组成。倾听就是用心聆听对方的声音，感受乘客的心声。倾听是保持良好的服务态度、保证服务质量的重要一步。

在倾听的过程中，要控制自己的情绪，充分了解乘客的想法，让乘客感受到尊重。营造开放的沟通氛围，有利于进一步的沟通。

倾听时，服务人员需要保持神情专注，身体前倾，表达赞同时，可以轻轻地点点头或微笑来反馈“我正在注意听”“我很感兴趣”等信息。切不可随意打断对方的讲话，谨慎插话。倾听本身就是一种有礼貌地表现。

4. 勤于赞美

现代有轨电车服务人员与乘客交流要学会使用赞美性的语言。赞美实质是对他人的认可、尊重和赏识，是对他人做法和想法的激励。恰到好处的赞美在服务人员与乘客交往的过程中，会起到缓和气氛、增加好感的积极作用。

1）赞美要恰如其分，注意方式方法

赞美需要因人而异、因时而异、因地而异、因场合而异。而不管是直率、朴实的赞美，还是含蓄、高雅的赞美方式，都可能受到乘客的青睐。赞美最重要的是真诚，需要发自内心的诚恳流露。

2）赞美要注意文化差异

不同的群体、不同的国家都有各不相同的传统文化和民族文化，在赞美的表达上也存在文化差异。如西方人大多喜欢赞美他人，也喜欢被赞美，而大多中国人以谦虚为荣，习惯谦虚或拒绝赞美。如果不注意这些差异，则在实际的交际中，容易造成很大的误会。

5. 争取理解和配合

在现代有轨电车服务中，乘客的行为会影响服务质量和效果。有效、顺利地沟通离不开乘客的有效参与和配合，为此必须加强与乘客的沟通，争取得到乘客的理解，促使乘客的配合。

6. 积极反馈

积极反馈让乘客感到现代有轨电车企业时刻以乘客为中心，从而留下良好的印象。对于能够满足的需求，应在最短的时间内给予最大限度的满足。对于无法满足的要求，要及时、耐心地向乘客进行解释说明，让乘客内心感受到尊重。对于短时间无法满足的要求，应说明原因，并且在表达歉意后提出解决方案。有效的积极反馈，可以使乘客更好地理解和配合服务工作人员，使沟通产生更好的效果。

二、特殊乘客服务技巧

特殊乘客，是指因身份、行为、年龄、身体状况等原因，在乘车中需要特殊照料的乘客，包括婴幼儿、孕产妇、残障乘客等。面对特殊乘客，现代有轨电车客运服务人员在服务的过程中需要掌握服务技巧，提高乘客满意度。

1. 残障乘客

残障乘客，是指由于在精神上或是身体上有缺陷或病态而无自理能力，或其行动需要他人照顾的乘客。通常残障乘客自尊心强，比较敏感，有时不会主动要求帮助。作为服务人员，面对他们，在沟通中应尊重他们的人格及自尊心，细心观察他们的需求，提供贴心、周到又温馨的服务。为他们提供服务时，需先征得乘客同意，在与其交流过程中，应尽量避免长时间盯着乘客的身体残障部位。

2. 老、幼乘客

老年乘客由于身体机能出现减退，思维相对比较迟缓，导致反映较缓慢，可能出现说话不连贯甚至语无伦次的情况。但部分存在老人不服老的心态，尤其希望得到尊敬，因此在与老年乘客沟通时，需要服务人员更有耐心、更富有亲和力，语速略微慢一点，声音略微大一点，做一名细心的“听众”。

现代有轨电车客运人员要特别关注儿童乘车，时时提醒看护人员照看好自己的孩子，避免发生摔伤等意外。对待儿童要有爱心和耐心，不能训斥儿童乘客。

3. 孕妇

在沟通中，服务人员要主动了解孕妇的需求，说话声音要柔和，切不可让其情绪激动。在服务中，要注意关注孕妇身体等状况，随时给予照顾，创造一个舒适的环境，做好超前服务。

4. 疾病乘客

在服务中，如发现身体不适的乘客，应主动询问其是否需要帮助：“您好，您哪里不舒服吗？”，并及时、准确地与乘客或其家属沟通，了解疾病乘客的身体状况等必要信息，在有轨电车运行的过程中如遇病情突发情况，可采取及时广播寻找医生及药物控制病情，安抚病人的情绪，送医时做好嘱托及交接。

特殊乘客服务是现代有轨电车企业服务水准的重要体现。现代有轨电车服务人员要具有敏锐的观察力和应变能力，根据每个乘客的特点进行服务。

案 例

北京地铁邀请残障人士体验地铁无障碍服务

2016 年 10 月 14 日北京地铁运营四分公司将在昌平线昌平站区（下辖昌平东关站、昌平站、十三陵景区站、昌平西山口站）举行“无障碍服务试点站区”授牌仪式，并邀请残障人士体验地铁无障碍服务。此举旨在倡导文明乘车理念，弘扬尊老、爱幼、助残的优良传统，遵循“需求导向持续改进 首善服务”的服务理念，不断提高地铁无障碍服务水平。

此次在昌平站区试点的服务举措主要有推出爱心电梯、开辟优先等候区、发放“无碍出行 有爱随行”服务卡及《无障碍服务手册》等，相关设计均在北京市残联支持下完成。

设立爱心电梯。站区所辖四站的四部直梯全部换装，电梯侧面显著位置标有“爱心电梯”字样，同时爱心提示“请行动不便者优先乘坐”。爱心电梯的推出，旨在倡导广大乘客在候梯乘梯时更加文明、礼让，请残疾人、孕妇、老人及其他行动不便的乘客优先乘坐。爱心电梯周围四面的设计理念具体为：正面增加爱心提示语，侧面标明爱心电梯，同时注有北京地铁“需求导向持续改进 首善服务”的服务理念和“‘六型地铁’快乐出行”的品牌理念，背面为爱心电梯乘梯倡议，即“安全乘梯，文明礼让，快乐出行”。

此次推出的爱心电梯，外立面、地贴等设计上均选用了橙色，主要考虑以下两点因素。一是因为橙色是暖色系中最给人温暖感的一个，与本次服务的主题“无碍出行有爱随行”高度契合，能够彰显无障碍服务的温暖与温度；二是橙色是人类肉眼较容易看到的一种颜色，采用这种颜色也是为让广大乘客容易辨识乘梯位置，在视觉上更有力度。

开辟“优先等候区”。在爱心电梯及站台门前的地面区域开辟优先等候专区，增设优先候车提示。此次希望通过该种方式向每天乘坐地铁的乘客进行生动地人文宣导。

制作发放“无碍出行 有爱随行”服务卡及《无障碍服务手册》。对于初次乘坐地铁且行动不便的乘客，车站工作人员会赠送“无碍出行 有爱随行”服务卡及《无障碍服务手册》，服务卡上印有昌平站区所辖四站无障碍服务设施、无障碍服务接应地点及北京地铁服务热线电话等信息，残障乘客乘坐地铁前只需要拨打电话，提前约好时间和出入口，车站工作人员就会前往引导并提供无障碍服务。《无障碍服务手册》立足残障乘客的不同出行需求，以无障碍设施功能介绍、设施位置、人员服务规范为主要内容，更好地满足乘客出行需求。该手册也将在北京地铁运营四分公司所辖线路（昌平线、机场线、15号线）中同步发放。

思考：上述案例中，北京地铁的行为体现出哪些特殊服务？这些服务针对哪些乘客群体？地铁的工作人员还应为这些乘客提供哪些服务？

第四节　乘客求助与投诉处理

现代有轨电车服务人员的日常工作并不都是平淡的，不但可能会遇到乘客投诉的情况，还可能会遇到乘客生病、物品丢失求助等突发状况。这些情况可能使一些新人感到手足无措。因此学习各种突发情况的处理方法，有的放矢地提供服务才能有效地解决问题，有助于保障乘客顺利出行。

案　例

案例1　服务不当引投诉

2008年2月16日9:00时左右，某终点站站务员在站台清客时，没有按照《乘客服务工作标准》的要求进行清客，对乘客没有使用文明用语，并使用手提广播对乘客大声呼喊。当有乘客向其问路时，站务员没有认真作答，而是态度恶劣地让乘客自己去看地图。因为站务员未能礼貌、耐心解答乘客的问题，引起了乘客投诉。

案例 2　旅客发病，乘务人员及时施救化险情

今年 4 月 23 日在西安地铁一号线纺织城站，地铁站务员在例行清客检查中，发现有乘客发病倒在地铁车厢内昏迷，在不影响地铁正常运营的情况下，站务员与乘客在站台上紧急救护发病乘客。

当天上午 9 时 55 分左右，列车从后卫寨方向驶入东端终点站纺织城站，站务人员按照行车规程上车进行清客作业时，突然发现 12 号屏蔽门处，一名女性乘客晕倒在车厢内，意识模糊。工作人员立即向车控室汇报了紧急情况。由于列车即将行驶出纺织城站，为不影响地铁正常运行并保证乘客安全，值班站长立即让车站工作人员陪同乘客一同折返，重新返回下行纺织城站后再行处置。

两分钟后，车辆再度停靠纺织城下行站台处，工作人员将乘客搀扶至站台座椅上平躺，并立刻为乘客送来一杯热水，将外套脱下为乘客盖在身上。“年龄在 20 岁左右的女乘客，随后我们立刻拨打了 110 和 120”，车站值班站长刘凯介绍说。后来，站务员在乘客身上仅发现了乘车所持爱心卡，没有发现携带手机和其他有效联系方式。不久，乘客稍微清醒，说自己头痛，需要上医院治疗。站务员一边等待 120，一边进行广播寻找医务人员，随后赶来的医护人员同地铁员工一起对乘客进行救治。很快，120 到达现场，将乘客送往医院，目睹和参与这一幕的所有人终于松了一口气。

思考：

（1）案例 1 中，乘客的需求属于哪种求助，站务人员为什么会被投诉？

（2）案例 2 中，乘客发病时，乘务人员采取了哪些有效方法？

现代有轨电车工作人员对各突发事件的处理方法都应有所了解和准备。

一、乘客求助处理

（一）财物丢失求助

现代有轨电车车厢等都是公共场所，人多且构成复杂，乘客的财物被盗窃或丢失很有可能发生。如果出现此类情况，现代有轨电车服务人员应热心帮助乘客解决好问题。

1. 乘客财物丢失处理方法

1）表现出同情和关心

对于丢失财物的乘客，服务人员要表现出同情和关心，耐心安抚乘客，使其情绪稳定，并努力帮助乘客寻找失物。

2）给出解决问题的方法

如果一时没有找到失物，服务人员应仔细询问乘客当时存放财物的位置及相关情况，并当面登记有关信息，然后通知有关部门协助查找，如最后仍然未找到，应请乘客留下姓名和联系方式等信息，以便有消息时可以及时与之联系；如果确认财物被盗，应提醒乘客立即报警，并配合公安部门的调查。

2. 处理中的注意事项

在处理此类问题的过程中，对乘客负面情绪和不理性的语言、行为举止，服务工作人员要给予充分理解，多听少说多行动，使乘客在一定程度上缓解焦虑情绪。

（二）物品损坏求助

物品损坏的情况一般分为两种，一种是乘客的物品被损坏，如衣物被划破、污损等；另一种情况是乘客损坏了现代有轨电车车内公物。

1. 物品损坏处理方法

（1）如果乘客因为自身原因导致物品损坏求助时，服务人员应及时给予帮助，如为划破衣服的乘客提供针线等工具。

（2）如果乘客并非故意损坏公物，而是不小心导致的，现代有轨电车服务人员一是应收拾好破碎的物品；二是对乘客的失误表示同情；三是根据具体情况和现代有轨电车企业有关财产赔偿的具体规定及工作程序，决定是否需要赔偿及如何进行赔偿。

（3）如果乘客是因为喝酒过量失态而造成的公物损坏，不仅应要求赔偿，还要进行警告；如果乘客是故意损坏，要按规定严肃处理。

2. 处理中的注意事项

服务人员对并非故意损坏公物的乘客不要指责或是批评，避免令乘客难堪。对故意损坏公物者，不要在公共场合与其争辩，应按规定严肃处理。

（三）突发疾病求助

在乘车中，由于各种原因乘客突然发病时有发生。无论发病乘客是否有生命危险，都可能会使其他乘客产生恐慌。无论求助对象是发病本人还是其他乘客，服务工作人员都要及时给予帮助并很好地处理。

1. 乘客突发疾病处理方法

1）保持镇静

服务人员应马上通知有关部门和人员，并采取紧急救护措施。此时，服务人员一定不要慌张，应询问乘客或陪同家属乘客是否发生过此类症状，是否有相应的随身药品等。

2）启用紧急救护预案

让专业人员做全面检查，再采取临时措施，必要时应立即采取急救措施。

2. 处理中的注意事项

1）不要随意判断

如果该服务人员非专业人员，则不要随意判断乘客的病情，也不要随便下结论，更不要自作主张给病人救治。

2）不要随意挪动

如果乘客昏厥或是摔倒，服务人员不要随意挪动乘客。

（四）乘客走失求助

时常有儿童或老人走失的情况发生，这时处理方法如下：

（1）安抚走失乘客的家人或朋友。

（2）了解走失乘客的详细情况，如性别、年龄、走失地点和时间等。

（3）利用广播在站台、车厢内进行协助寻找，如未找到，可上报至运营控制中心，在全线进行广播，征得走失乘客家人或朋友的同意后，通知公安部门找寻。

二、乘客投诉处理

无论多么完善、周到的现代有轨电车服务，都不能保证永远不发生失误或引起投诉。在现代有轨电车客运服务过程中，有乘客投诉是很正常的，不能一味地恐惧投诉、厌恶投诉，而是应该对投诉有一个正确的认识，这样才能更好地处理投诉，更有效地改进服务工作并提高服务质量。

（一）投诉的原因

乘客的投诉都是有原因的。要想提高服务满意度，就必须找到引起乘客不满的原因。通常情况下，乘客投诉的原因大致可归纳为以下两类。

1. 企业的服务原因

（1）服务工作人员态度不佳，对乘客不尊重，或是以貌取人，服务态度敷衍。

（2）遇到问题相关负责人不出面解决，没有相应的配套方案，服务人员解决问题的业务能力不足，造成乘客极度不满。

（3）服务人员不规范作业或是工作效率太低，乘客无法忍受。

（4）设备设施故障影响乘客出行，不能提供有效服务。

（5）电车延误，影响乘客预计行程。

（6）乘客的利益遭受损失。

2. 乘客的自身原因

（1）不同的乘客对现代有轨电车服务的要求标准不尽相同。由于语言、环境、风俗习惯等客观条件的影响，服务很难做到尽善尽美。此外，服务质量与服务态度的好坏，因乘客的气质、性格、情绪等因素的不同，乘客的心理感受也具有差异性。

（2）乘客对有关政策不了解或误解引起投诉。

（二）乘客投诉产生的过程

一般来说，在投诉之前乘客就已经产生了潜在化的抱怨，即对电车运行或者服务存在一定的不满。潜在的抱怨随着时间的推移就变成显在化的抱怨，而显在化的抱怨作为投诉的一种形式，很有可能会转化为正式投诉。乘客投诉产生的具体过程如图 4-1 所示。

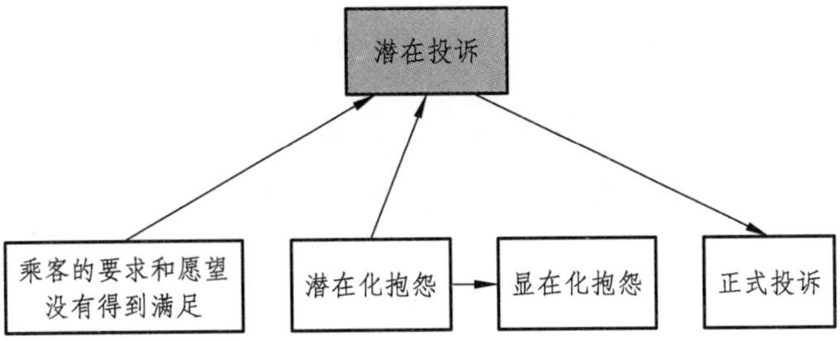

图 4-1　乘客投诉产生的过程

（三）乘客投诉的应对措施

1. 正确看待乘客投诉

（1）乘客投诉是监督和提升服务水平的重要手段，可以帮助现代有轨电车企业发现其在管理、服务等方面的不足，从而使现代有轨电车企业获得改善和提高。

（2）投诉是现代有轨电车企业和乘客沟通的桥梁，提供了改善与乘客间关系的机会。面对投诉的乘客，现代有轨电车服务人员应予以善待，抱着感谢的心情接受他们的意见，并且采取积极措施进行改正。

而如果乘客对现代有轨电车服务不满却不来投诉，他们离开后会把自己对现代有轨电车企业的不满四处散播，这样对现代有轨电车企业造成的影响是难以弥补的。现代有轨电车服务、乘客投诉与企业发展的大致关系如图 4-2 所示。

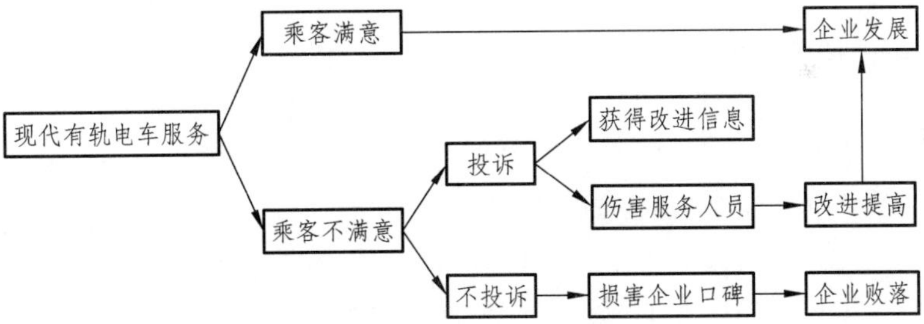

图 4-2　现代有轨电车服务、乘客投诉与企业发展的大致关系

2. 投诉受理流程

1）冷静受理投诉

如果乘客在公共场合情绪激动，首先要使其平静下来并将其带离公共场合，避免影响其他乘客，以免造成不良影响。

2）倾听乘客抱怨

一般来说，乘客投诉多数是发泄性，他们的情绪不稳定，此时如果服务工作人员随意插话、进行反驳、发生争执，只会火上浇油、适得其反，使处理难度加大。因此，在乘客表达心中的不满、抱怨时，服务工作人员要认真倾听，避免与其发生争辩，表示理解和同情，才能赢得乘客的信任，并在倾听中发现服务中实质性的问题。

3）认真记录分析

倾听时，必须认真了解事情的每个细节，将乘客所说的内容记录下来以便于分析投诉理由是否充分，投诉要求是否合理。同时，及时记录便于安抚乘客激动的情绪，取得乘客信任，有助于解决问题，使整个局面受到控制。

4）提出解决方案

如投诉成立，应立刻道歉，提出解决办法，尽可能提供多种选择，共同协商，最终确定解决方案；若投诉并不成立，应以委婉的方式答复乘客，取得乘客理解；若投诉属于误会，应向乘客解释清楚。如果问题一时解决不了，应留下乘客的姓名、联系电话等信息。

5）快速解决问题

当乘客对解决办法做出选择后就要付诸行动，并保证整个行动顺利进行。如遇到任何未能预知的延误应尽快通知旅客。现代有轨电车工作人员应妥善解决乘客的问题而不是敷衍了事，否则会令乘客更加不满，将投诉升级。

6）做好跟踪总结

对投诉处理结果应进行跟踪、关注。确定乘客的问题得到解决，然后主动联系乘客，了解其对处理结果的意见等。当投诉处理完毕后，应对事件进行深入分析和探讨，找出问题，总结经验教训并写出报告。

（四）投诉处理技巧

1. 用心倾听

在投诉处理的过程中，工作人员喋喋不休地解释只会让乘客感觉在推卸责任。面对乘客的投诉，工作人员需要掌握倾听的技巧，从倾听中掌握事情发生的细节，找出乘客投诉的真正原因及所期望的结果。

1）用心倾听的注意事项

（1）要有耐心。在乘客投诉的过程中，工作人员切忌轻易打断乘客，要仔细思考乘客提供的信息；应该花 80%的时间去听，给乘客 80%的时间去讲。在倾听过程中，工作人员要保持冷静的心态，不要受其他事物的影响。

（2）学会回应。在倾听的过程中，工作人员要运用眼神、表情等非语言传播手段来表示自己在认真倾听，尽可能以柔和的目光注视对方，并通过点头等方式及时对对方的谈话做出反应。

（3）换位思考。工作人员应站在乘客的角度考虑问题，用心地感受乘客的心情。这是真正能听到乘客心声的好办法，是乘客服务中不可或缺的沟通技巧。

（4）不要指责乘客的错误。在倾听时，工作人员不要当场提出自己的批判性意见，更不要与乘客争论，尽量避免使用否定别人的回答，如“不太可能”“我认为不应该这样”等，应该站在乘客的立场去倾听，努力理解乘客所说的每一句话。

2）用心倾听的具体做法

（1）当乘客到车站投诉时，工作人员应先请乘客坐下并及时给乘客倒水，表示对乘客的尊重。

（2）在乘客叙述的过程中，工作人员要用心倾听，让乘客发泄情绪。在倾听过程中，工作人员可以适时插入“我理解、我明白”这样的话来表示对乘客的重视与理解。

（3）不要轻易打断。如果有不明白的地方，工作人员要等乘客说完后，以委婉的方式请乘客提供情况，如“对不起，是不是可以再向您请教……”。

（4）适当安抚乘客情绪，如“请您别着急”“您先消消气”等。

2. 了解乘客投诉心理

乘客只有在对服务不满的情况下，才会进行投诉。而对乘客来说，既然选择了投诉，就一定有一个心理预期并希望得到满意的答复。工作人员只有弄清了乘客投诉的心理期望，才能有针对性地处理投诉。一般来说，乘客投诉的心理期望主要有以下几种。

1）希望问题能被重视

有时乘客进行投诉或建议，并不是要求企业一定能够彻底改变这种现象，只是想表达对此状态的看法与观点，给企业以警示。对于这种期望的乘客，工作人员一定要积极对待，耐心地听完乘客的批评与建议，抱着“有则改之，无则加勉”的正确态度，适当地对乘客表示感谢。

2）希望得到当事人的道歉和尊重

乘客投诉有很大一部分是对工作人员服务态度的不满，心中充满了怨气、怒火，利用投诉的机会来发泄出来，以维持他的心理平衡。在这种情况下，工作人员要耐心倾听，即使是乘客有错，也不要想着去理论，避免产生新的不满或进一步加深矛盾。

3）希望相关人员得到惩罚或惩戒

有时乘客会因对某位工作人员的服务不满而选择投诉，并希望该工作人员得到相应的惩罚。此时，工作人员需要向乘客保证企业一定会采取正确的行动，避免将来再发生类似的问题。

4）希望得到赔偿或补偿

乘客希望自己的损失得到赔偿，也想在耗费的时间、造成的不便或遭受的痛苦等方面得到补偿。对于由工作人员的责任而造成乘客损失的，当然要协商赔偿办法；对于不是由工作人员的责任而造成的乘客损失，也不能一味迁就，要耐心地向乘客解释清楚。

3. 真诚道歉

当乘客抱怨或投诉时，无论是否是工作人员的原因，都要诚心地向乘客道歉，并对乘客提出的问题表示感谢。尤其是在工作确实有过失的情况下，更应该马上道歉，如“对不起，给您添麻烦了”。这样可以让乘客感到自己受到了重视。

真诚道歉要做到以下两点：

（1）适当地表示歉意。让乘客了解工作人员非常关心他的情况，如“我们非常抱歉听到此事”。

（2）道歉要诚恳，如“对不起，耽误您的时间了”。

4. 协商解决

在听完乘客投诉之后，工作人员首先要清楚乘客投诉和抱怨的原因，了解乘客的想法，切忌在没有了解乘客想法之前就自作主张地直接提出解决方案。在协商解决时，不要推卸责任，不要指责或敷衍乘客，切不可与乘客发生冲突。

在明白乘客的想法后，工作人员要十分有礼貌地告知乘客将要采取的措施，并尽可能让乘客同意。如果乘客不知道或者是不同意这一处理决定，工作人员就不要盲目地采取行动。

在协商解决的过程中，工作人员不要推卸责任、极力辩解、指责乘客，而要做到以下几点：

（1）平复乘客的不满情绪，如“我很能理解您的想法”。

（2）主动提出建议和解决方法。如果是因为票卡（款）等问题，工作人员可以根据乘客的意见和表现出来的意思，结合实际情况提出措施；如果是因为对服务人员的态度不满，工作人员要考虑让服务人员本人道歉或由值班站长替代道歉等办法，平息乘客的不满情绪。

（3）耐心地解释现代有轨电车服务的相关规定。

（4）提出解决方案时，工作人员应语调平和、态度诚恳，避免再次引发乘客的不满情绪，如“这样处理，您看行吗？”“我们这样办，您看合适吗？”

在协商解决时，不要说“不”。如果工作人员用“我不能”“我不会”“我不应该”这样的话语，会让乘客感到工作人员不能帮助他。工作人员可以反过来这样说：“我们能为您做的是……”“我很愿意为您做……”“我能帮您做……”。这样，乘客的注意力就会集中在可能的解决办法上，工作人员就能创造一个积极正面的解决问题的氛围。

5. 快速采取措施

在乘客同意处理意见后，工作人员需要说到做到，而且是马上做到，速度很关键。快速地采取措施就是对乘客最大的尊重。一方面，耽误时间有可能使乘客进一步不满；另一方面，耽误时间还有可能使乘客要求改变先前已经协商好的解决措施。如果遇到被投诉的员工不在现场的情况，可以采用电话道歉、书面道歉等处理方式。

对于那些不能立即处理的措施，工作人员应坦诚地告诉乘客企业正在办理，并应把处理过程中的相关情况及时反馈给乘客，让乘客了解他们的问题正在得到解决。

6. 感谢乘客

最后应感谢乘客对现代有轨电车企业服务提出批评、建议和指导意见。工作人员在感谢乘客时，可以说“谢谢您的配合”“非常感谢您的建议”，必要时可送乘客出站，让乘客感到自己受到重视，而不要怠慢乘客，如自己先行离开，或让乘客自行离开。

乘客投诉是监督和提升服务行业水平的重要手段，是现代有轨电车企业提高运营服务质量、改进运营服务水平、树立现代有轨电车企业品牌的重要环节。为了不断改进运营服务工作，提高运营服务质量，切实维护现代有轨电车企业的声誉，服务部门必须加强对投诉工作的管理。

案 例

乘客投诉案例分析

一、因业务能力不强或设备故障而引起的投诉

某日，乘客在某站刷卡后不能正常出站，到售票亭进行票务处理，票务员直接为乘客补了进站记录，并提醒乘客：“您下次进站时，别忘了刷卡。”乘客感到疑惑到查询机查询后，发现被扣了两次款，为此乘客进行了投诉。

1. 投诉原因分析

票务员没有弄清事实，只是臆测行事。经查询，当时乘客实际上已刷上出站记录，可能是因为乘客刷卡时走错了闸机通道，或刷卡后未马上走出通道而未能正常出站，而票务员对这些情况没有查明就直接主观认为乘客没有刷卡进站，导致乘客的票卡被两次扣款。

2. 投诉处理的技巧

在该投诉中，票务员的服务态度没有明显问题。在处理过程中，工作人员需要重点就票务人员的工作失误向乘客道歉，并赔偿乘客的经济损失。

3. 改善及建议

当发现乘客持票卡无法正常进出站时，票务员不能主观臆断，应先礼貌地了解原因。在处理车票的问题时，票务员应加强责任心。

二、因乘客不了解乘车规定而引起的投诉

一日，在某车站，工作人员两次看见一名拾荒人员在站里拾荒，于是上前制止："以后不允许在车站进行拾荒。"由于拾荒人员对该工作人员的态度非常不满，因此便在车站内寻衅滋事，声称车站的工作人员"砸了他的饭碗"，然后就坐在站台边上。

1. 投诉原因分析

乘客不了解乘车的相关规章制度，而工作人员又态度强硬地进行制止，并没有给乘客进行任何解释，造成乘客不满。

2. 投诉处理技巧

在该案例中，工作人员的工作方式确实存在失误。在处理时，工作人员需要向乘客道歉，检讨其不合适的处理方式；同时要向乘客耐心解释乘车的规章制度，避免再次发生纠纷。

3. 改善和建议

在发现乘客有违规情况后，工作人员一定要耐心地向乘客解释乘车的规定，而不是一味地强硬制止。

三、因客运服务人员态度不好引起的投诉

2004 年 5 月，一乘客到车站用两个 5 角，10 个一角硬币购买车票，售票员虽没说什么，但板着脸，且给票时力气很大，车票滑到了地上，也没道歉。

1. 投诉原因分析

售票员虽没有明确表示拒收硬币，但她用冷漠的表情和生硬的"体态语"表达了她的不满，并且车票滑到地上，售票员也没有意识到是自己工作的不足，未及时采取补救措施，这两点都说明其服务意识淡薄，未树立起"乘客至上，服务为本"的服务理念。

2. 改善及建议

（1）坚持作业规范，不得拒收零币。

（2）交给乘客钱款时，要轻轻递给，不要重手重脚。并要以五字工作法为服务准则，坚持文明服务。

（3）通过班组学习等途径加强票务员服务意识教育，使每位职工牢固树立"乘客至上，服务为本"的服务理念。

（4）如果发生车票滑落等情况，票务员应意识到这是自己工作的失误，意识到乘客因此感到自己未受到尊重。正确的做法是及时道歉，取得对方谅解。

四、因工作人员的不作为引起的投诉

乘客在某一车站准备购票，车站 4 台自动售票机坏了一半，乘客不会使用，等了半天才有工作人员过来，乘客问如何购票，工作人员回答："你自己想办法。"乘客只得离开车站。

1. 投诉原因分析

（1）车站遇设备故障没有及时报修，站长遇设备故障较多时未合理布岗。

（2）工作人员没有在乘客需要帮助时积极上前指导。

（3）工作人员不但使用了服务忌语，而且违反了有关票务规定。

2. 改善及建议

（1）工作人员即使忙于其他事务，也应向暂时无法为其提供服务的乘客讲"请稍等"。

（2）工作人员应严格遵守有关票务规章制度，遇到需要帮助的乘客应主动上前指导乘客在自动售票机上购票。

（3）车站工作人员发现设备故障应及时报修。

五、多原因引起的投诉

案例 1

某乘客于体育场南端票务中心给储值卡充值 50 元。据该乘客反映，该站票务中心站务员 A 某业务不熟练且态度差，并且在充值完成后没有主动提供给他充值小票，该乘客向其索要后，A 某依然没有提供小票并告知其在目的站出站时领取。在该乘客到达目的站没有领取到充值小票的情况下，通知客服人员联系体育场站问询情况，该站站长则一口咬定给过其小票了；同时为该乘客办理充值业务的站务员也推卸责任，声称该乘客没有主动向他索要小票，因此不予提供。后来在乘客的再三要求下，站务员 A 某最终找到了没有提供给乘客的充值小票，并通知该乘客次日来车站领取。

1. 投诉原因分析

（1）站务员 A 某业务不熟练，未及时将充值小票交给乘客；在乘客索要小票时，误导乘客在出站时领取。

（2）车站站长在客服调查过程中包庇员工，捏造事实；面对投诉时态度不端正。

2. 投诉处理技巧

（1）车站员工必须端正服务态度，严格执行相关规章制度，不得无故拒绝乘客的合理要求。

（2）面对投诉调查时，车站必须实事求是，不得有包庇员工、捏造事实的现象出现。

（3）车站必须加强员工服务意识及服务技巧的培训。

案例 2

一名女乘客在车站与母亲共用一张储值卡出站后被工作人员发现，工作人员告知乘客储值卡应一票一人使用，此行为属逃票行为，要求乘客到票务中心补票。该女乘客到票务中心进行询问，票务员甲某告知乘客需补 8 元钱，乘客问为什么补 8 元，甲某说："没票乘车，带有惩罚行为"，乘客给了票务员 50 元予以补票，并要求投诉，票务员甲某及时通知车控室。值班站长乙某赶往现场，到达现场后向乘客了解情况，乘客不听乙某解释，要求投诉售票员甲某，乙某让甲某给乘客写了工号与投诉电话，乘客便离开了车站。之后该乘客连续多天拨打投诉电话都没有打通，后来得知电话号码是错的，乘客觉得站务人员这样的服务态度非常恶劣，并且故意误导乘客，给乘客错误信息，严重影响了车站形象，因此对车站员工进行了投诉。

1. 投诉原因分析

（1）该工作人员和售票员甲某欠缺服务技巧，在跟乘客解释票务政策时使用“逃票”“惩罚”等不恰当字眼，让乘客感觉备受伤害、委屈，引起乘客不满，这是发生该投诉事件的主要原因。

（2）值班站长乙某到达现场后没有起到平息事态的作用，在乘客情绪激动、不听相关人员解释、索要投诉电话时没有挽留乘客，平息乘客的情绪，导致事态进一步扩大，是发生投诉事件的次要原因。

（3）在乘客索要投诉电话时，值班站长乙某让售票员甲某写投诉电话及工号，没有考虑到员工因害怕投诉没有将正确的投诉电话及工号告知乘客的情况；乙某在甲某写完电话及工号后也未进行核实，对该事件的发生负有一定的责任。

（4）售票员甲某的服务意识不到位，由于个性特点，其表情呆板，没有微笑服务，导致乘客觉得其服务态度不好；同时未能灵活处理该乘客事务，进一步引发乘客的不满，这也是发生该投诉事件的原因之一。

（5）车站、站务分部对员工服务技巧、技能等培训不到位，针对不同员工的个性特点从事服务工作有可能引发的后果没有提出建议，是造成该投诉事件发生的另一原因。

2. 投诉处理技巧及改善建议

（1）车站工作人员在处理乘客事务时，措辞需谦虚谨慎，严禁使用“惩罚”“罚款”等不恰当字眼，严禁有得理不饶人的情况发生。

（2）车站各岗位须严格遵守相关岗位的作业标准，严禁将个人情绪带上岗位，坚持微笑服务；遇到乘客事务时应迅速处理、汇报，防止因自身原因让乘客等待时间过长。

（3）值班站长在处理投诉时，应将投诉控制在一定范围内；在乘客情绪激动时，须先稳定乘客情绪，不应一味地解释，激化矛盾。

（4）车站给予乘客的信息必须保证正确，不得给乘客错误信息，误导乘客。

（5）车站须加大员工服务技巧的培训力度，全面掌握员工的性格、健康状况等信息，做到合理布岗排班，防止因员工的个人原因导致投诉的发生。

通过以上内容可见，在交际活动中，语言始终起着重大作用，而交际语言则体现在交际的整个活动中。应通过与别人的沟通交流，在实践中运用交际语言艺术，从而达到“学以致用”的目的。

第五篇 岗位服务礼仪

导 读

现代有轨电车工作人员每天面对成千上万，来自五湖四海的乘客，一举一动、一言一行都体现着现代有轨电车运营企业的形象，除了车站环境干净整洁，车辆行车安全准时运营外，各岗位专业、规范的服务礼仪是构成现代有轨电车一流服务质量的关键要素，体现了现代有轨电车的服务水平。

第一节 安检员岗位服务礼仪

现代有轨电车客运服务的首要原则是保证安全，安检部门在保证安全的前提下，为选择现代有轨电车出行的乘客提供快捷、舒适的服务。

为了确保现代有轨电车客运安全，全面梳理排查安全隐患和问题，安检工作人员作用十分关键。端庄的仪容、规范的仪表、文明的服务用语、温暖的微笑，能使乘客感到温馨并主动配合安检，同时也充分展现安检窗口形象。

一、安检员岗前准备

1. 个人准备

1）外表修饰

具体外表修饰要求如表 5-1 所示。

表 5-1 安检人员外表修饰要求

分类	基本要求	禁忌
发型	发型整齐利落、清洁清爽。男生头发长度要适宜，前不及眉，旁不遮耳，后不及领，修剪得体，轮廓分明。 女生短发后不过肩、前不盖眉，梳理整齐，无蓬松感，两鬓光洁，无耳发；长发需盘发，将头发挽于发网内，头花端正，帽子不得歪斜	头发凌乱，染发颜色明显，夸张；留怪异发型；女安检人员刘海遮面，男安检工作人员留长发，鬓角遮挡耳朵

续表

分类	基本要求	禁忌
面部	女性上岗应化淡妆，妆面清新、美观、自然。 男性应保持面部干净，不留胡须及长鬓角，牙齿洁白、口腔无味	化浓妆或怪异妆；男安检人员留胡须，工作前食用葱、蒜、韭菜等有刺激性气味的食物
工作服	工作服整洁干净，无污渍、褶皱、破损	工作服有异味、污渍、破损；挽裤、挽袖
鞋袜	穿着工作服时应按规定穿黑色或深色皮鞋，配深色袜子，鞋面保持干净光亮	穿极度磨损的鞋及露脚趾脚跟的鞋、袜；穿浅色袜子
配饰	饰品应自然大方，不可过度明显夸张。挂绳式工牌照片和字面应朝向乘客，工号牌应佩戴在工作服左上侧兜口处，佩戴党（团）徽时，应将党（团）徽佩戴于工号牌正上方中间	佩戴过分夸张和闪耀的饰物；男员工佩戴耳部饰物

2）心理调整

一个人的心理状况，往往受到诸多方面的影响，但是作为现代有轨电车服务人员一定要从大局出发，将工作放在第一位，在上岗前调整个人情绪，以良好的心情为广大乘客服务。

3）提前到岗

安检员应提前到岗，进行工作装的更换，做好分配、检查装备（如对讲机、手持探测仪）等各项交接班工作准备。

2. 环境准备

环境准备是现代有轨电车从业人员岗前准备工作的一个重要环节，主要包括工作环境准备和卫生环境准备。

1）工作环境的准备

工作环境准备指现代有轨电车从业人员对自己岗位的工作环境准备。

2）卫生环境的准备

卫生环境准备指现代有轨电车从业人员在上岗之前对整个服务环境进行检查和清洁，为乘客提供一个干净整洁的服务环境，使乘客在整个出行的过程中，保持愉悦的心情。

二、安检员岗位职责

（1）遵守各项法律法规和单位的各项规章制度，服从各级领导管理，对违反法律法规或车站相关规章制度的现象应及时发现并向上级报告。

（2）认真履行乘客物品的安全检查职责并协同其他安检员做好安检工作。

（3）按照“逢包必检、逢液必检”的安检要求，负责宣传引导乘客进入安检区域，文明值岗，态度和蔼。

（4）对可疑物品进行针对性探测，确定可疑物性质，及时移交车站驻站民警处理并做好记录。

（5）对无异常的行李包应疏导相应乘客尽快离开安检点，保证通行畅通。

（6）严格遵守劳动纪律，不迟到、不早退，不擅离职守，在岗期间不做与工作无关的事情。

（7）严格按规定着装上岗，规范佩戴标识，自觉维护安检人员岗位形象。

（8）加强专业知识的学习，熟练掌握各种安检设备的正确操作及识别方法。

三、安检员岗位配置

1. 引导岗

引导岗应位于安检机传送带入口附近，便于引导乘客配合安检并分流携带物品或未携带物品乘客分别进站。

2. 值机岗

值机岗应正对安检机显示屏，便于认真监视安检显示图像。

3. 手检岗

手检岗位于安检机传送带出口处手检台位置，便于开包检查。

四、安检员安检常识

为了保障客运安全，安检员必须对每一位乘客及乘客携带的所有物品接受安全检查。

1. 常见的安检防爆设备

安检防爆设备是指用于车站、机场等场所，为预防和制止爆炸、枪击、行凶等案件发生，从而对货物、人身、场地和携带物品进行安全检查的设备的总称。

现代有轨电车客运安检中，常见的安检设备有 X 光行李检查机、手持金属探测仪、手持液体检测仪、金属检测门、防爆球等（见图 5-1）。

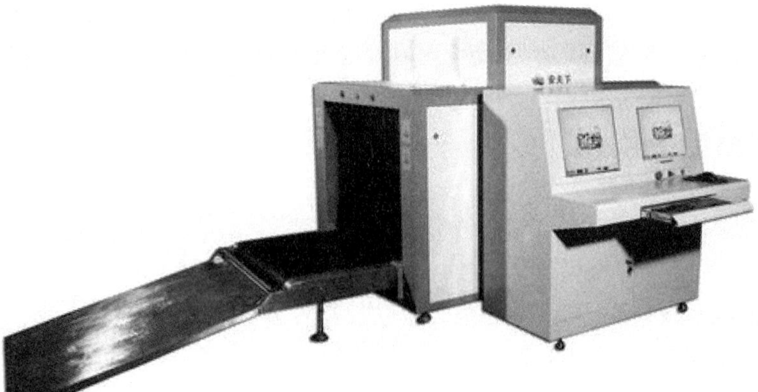

（a）X 光行李检查机

（b）手持金属探测仪

（c）手持液体检测仪

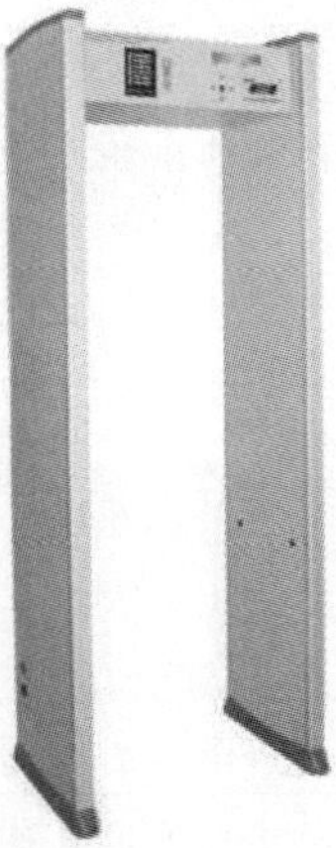

（d）金属安检门

（e）防爆球

图 5-1　现代有轨电车客运安检常见设备

2. 禁止带入车内物品

（1）国家禁止或限制运输的物品。

（2）法律、法规、规章中规定的危险品、弹药、和承运人不能判明性质的化工产品，例如：

① 爆炸品，如雷管、导火索、鞭炮、发令纸（打火纸）等。

② 易燃液体，如汽油、煤油、酒精、香蕉水、松节油、油漆等。

③ 易燃固体，如硫磺、油布及其制品等。

④ 压缩气体类，如打火机气体、液化石油气等。

⑤ 易自燃的物品，如黄磷等。

⑥ 毒害物品，如砒霜、敌敌畏等。

⑦ 腐蚀性物品，如硫磺、盐酸、硝酸、氧水等。

⑧ 放射性物品。

⑨ 氧化剂类物品。

⑩ 遇水易燃烧物品，如金属钠、镁、铅粉等。

（3）动物以及其他妨碍公共卫生（包括有恶臭等异味）的物品。

（4）能够损坏或污染车辆的物品。

（5）规格或重量超过规程规定的其他条款物品。

3. 限量携带的物品

（1）气体打火机 5 个，安全火柴 20 小盒。

（2）不超过 20 ml 的指甲油、去光剂、染发剂。不超过 100 ml 的酒精、冷烫精。不超过 600 ml 的摩丝、发胶、卫生杀虫剂、空气清新剂。

（3）军人、武警、公安人员、民兵、猎人凭法律法规取得规定的持枪证明所允许佩带的枪支子弹。

（4）初生雏 20 只。

4. 携带物品尺寸规定

对于携带物品的尺寸，每人免费携带品的重量和体积是：儿童（含免费儿童）10 kg，其他乘客 20 kg。每件物品外部尺寸长宽高之和不超过 180 cm，总体积不超过 0.15 m^3。杆状物品不超过 200 cm，重量不超过 20 kg。残障人士代步的折叠式轮椅，可免费携带并不计入上述物品。

五、安检员服务流程

安全检查，简称安检。安检作为与乘客安全息息相关的一项工作，必须严格、规范地执行。具体流程如表 5-2 所示。

表 5-2　安检员作业流程

程序	内容	质量标准
迎	迎接乘客，主动引导、提示	着装统一，仪容整洁，职务标志佩戴在左胸上方，面带微笑
操作	主动伸手去帮助乘客进行手检等	检查全面认真；态度和蔼，语言亲切，用语规范，操作标准
告别	检查后应向乘客表示感谢	面带微笑，动作规范，语言亲切

六、安检岗位服务要点

1. 安检服务的基本要求

（1）安检人员必须制服穿着统一规范，佩戴工作证件，做到仪表整洁，仪容端庄。

（2）安检人员工作时，应精神饱满、思想集中，不准闲聊。

（3）安检人员在安检服务中应文明礼貌，尊重每一位乘客。遇事讲究方式方法，做到以理服人。

（4）安检工作人员严格执行安全检查操作规范。

（5）不得损坏被检查人携带的合法物品。

（6）发现禁止携带的物品和违法犯罪行为时，立即向公安机关报告。

2. 安检员岗位服务要点

1）站姿

在安检岗位服务中，男员工站姿一般采用标准站姿或后交叉手站姿；女员工一般采用标准站姿。工作人员均应面带微笑。

2）坐姿

值机岗坐姿采用标准坐姿，眼睛注视监视器。上身保持挺直，不可深靠座位背部。忌托腮、抖腿、左顾右盼。

3）引导

引导手势应标准。指引乘客时，掌心朝上双眼注视被指引对象，面带微笑。忌斜肩、含胸、挺腹。

第二节　票务员岗位服务礼仪

在现代有轨电车客运车站里，尽管储值卡的使用使得乘客购票更为简便，但是对于部分乘客来说仍喜欢选择人工售票，特别是当自动售票机发生故障，或者客流猛增时，人工售票仍然是不可或缺的售票方式。

售票窗口虽小，却是车站服务的前沿阵地。曾经有过统计，乘客对于售票窗口的评价 90% 在于票务员的服务态度。作为窗口部门，为了提高乘客的满意度，需要工作人员讲究售票艺术和礼仪规范。

一、票务员岗前准备

1. 个人准备

1）外表修饰

对票务员的外表修饰要求见表 5-3。

表 5-3　票务员外表修饰要求

分类	基本要求	禁忌
发型	发型整齐利落、清洁清爽。男生头发长度要适宜，前不及眉，旁不遮耳，后不及领，修剪得体，轮廓分明。 女生短发后不过肩、前不盖眉，梳理整齐，无蓬松感，两鬓光洁，无耳发，长发需盘发，将头发挽于发网内，头花端正	头发凌乱，染发颜色明显，夸张；留怪异发型；女票务员刘海遮面，男票务员留长发，鬓角遮挡耳朵
面部	女性上岗应化淡妆，妆面清新、美观、自然。 男性应保持面部干净，不留胡须及长鬓角，牙齿洁白、口腔无味	化浓妆或怪异妆；男票务员留胡须，工作前食用葱、蒜、韭菜等有刺激性气味的食物
制服	制服整洁、干净、挺括，无污渍、褶皱、破损	制服有异味、污渍、破损；挽裤、挽袖
鞋袜	穿着制服时应按规定穿黑色皮鞋，配深色袜子，鞋面保持干净光亮	穿极度磨损的鞋及露脚趾脚跟的鞋、袜；穿浅色袜子
工牌	工作中必须佩戴职务标志或工号牌，应佩戴在工作服左上侧兜口处，佩戴党（团）徽时，应将党（团）徽佩戴于工号牌中上方	佩戴不规范；工号牌或职务标志磨损严重

2）心理调整

来自四面八方的乘客，有着不同的出行目的、不同的文化背景、不同的脾气秉性，这给售票服务增加了难度。作为窗口部门的售票员应调整好自己的心情，以饱满的、积极的、阳光的精神状态面对每一位乘客。

3）提前到岗

票务员应提前到岗，打开电脑电源，检查售票设备，提前 10 分钟登录系统。

2. 环境准备

1）工作环境的准备

票务员应带好工作用品，领取足够数量的票、卡，备足备用金（包括纸币和硬币）、发票及岗位所属专用通道钥匙或门卡，做好领用记录。

2）卫生环境的准备

票务员应提前到岗，在上岗前对整个服务环境包括电脑、桌面等进行检查和清洁，为乘客提供一个干净整洁的服务环境。票务员具体岗前准备流程如图 5-2 所示。

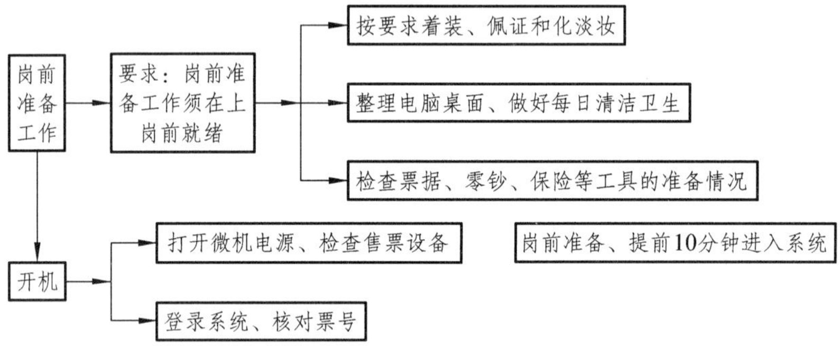

图 5-2　票务员岗前准备流程图

二、票务员岗位职责

（1）执行分公司、部、中心、车站的有关规章制度，做到有令必行，有禁必止。

（2）在值班站长的领导下，负责车站售票工作。

（3）在规定的时间开关售票窗口。严格执行作业流程，准确发售票卡，按规定提示乘客确认票卡面值，不得拒收分币。

（4）热情接待乘客，对乘客提出的问题，要按规定妥善解决。

（5）对无法过闸机票进行分析，并及时、正确处理。

（6）正确使用设备，确保售票亭内整洁和设备内部清洁。

（7）准确填写结算单，交清当班票款。

（8）加强防范，确保票款安全。

（9）完成上级领导交办的其他工作。

三、票务员标准化作业流程

乘客购票时，应严格执行“一迎、二收、三唱、四操作、五找零、六告别”的程序，基本流程如表 5-4 所示。

表 5-4 票务员作业流程

程序	内容	质量标准
迎	面带微笑迎接乘客，主动招呼乘客	着装统一，仪容整洁，职务标志佩戴在左胸上方，面带微笑，态度和蔼，语言亲切，仪态端庄
收	收取乘客的购票款、充值的储值卡，接过票款后，当着乘客面进行验钞	双手接递，动作规范，仪态端庄，面带微笑
唱（确认）	唱收乘客的购票相关信息，确认购票信息	面带微笑，普通话标准，语言规范、准确
操作	在半自动售票机上准确发售票卡或充值	操作熟练、高效、准确
找零	清楚地说出找零金额和车票张数，将票卡和零钱一起有礼貌地交给乘客，并提醒乘客当面清点票款	仪态端庄，面带微笑，用语规范，操作标准，主动提醒
告别	与乘客告别："请您慢走。"	面带微笑，普通话标准，语言亲切，仪态端庄

四、票务员服务的基本要求

（1）制服穿着统一规范，佩戴工作证件，做到仪表整洁，仪容端庄。

（2）工作时，应精神饱满、思想集中，不闲聊、不使用手机。

（3）乘客购票时，要面带微笑，目光平视乘客，并与乘客进行目光交流，主动向乘客问候，语气平和，态度亲切和蔼，吐字清楚。

（4）售票时，不应该拒收乘客的旧钞、零币、分币等，票或卡及钱款应当面清点，同时送到乘客手里，方便乘客交付和取回，做到准确无误；对乘客表达不清楚的地方要仔细问清楚，避免出错，影响乘客出行。

（5）业务熟练，讲究效率，工作有序。

第三节 乘务员服务礼仪

列车是现代有轨电车企业面向社会展现的重要窗口之一。乘务员服务质量的好坏，对于增加乘客的满意度，培养乘客的忠诚度，提升现代有轨电车企业整体形象具有重要意义。乘务员的服务礼仪规范和作业标准，不仅关系到乘客的乘车体验，也是现代有轨电车企业职工良好精神风貌的具体体现。

安全、舒适、快捷、准时和优质服务是现代有轨电车客运服务的主要特点。乘务工作是现代有轨电车客运服务中，直接面对乘客服务的窗口。

乘务员的言谈举止、服务态度是乘客乘车留下的第一印象，在一定程度上体现了现代有轨电车客运服务水平。

一、乘务员岗前准备

1. 个人准备

1）外表修饰

对乘务员的外表修饰要求如表 5-5 所示。

表 5-5 乘务员外表修饰要求

分类	基本要求	禁忌
发型	发型整齐利落、清洁清爽。男性头发长度要适宜，前不及眉，旁不遮耳，后不及领，修剪得体，轮廓分明。 女性短发后不过肩、前不盖眉，梳理整齐，无蓬松感，两鬓光洁，无耳发，长发需盘发，将头发挽于发网内，头花端正，帽子不得歪斜	头发凌乱，染发颜色明显，夸张；留怪异发型；女乘务员刘海遮面，男乘务工作人员留长发，鬓角遮挡耳朵
面部	女性上岗应淡妆上岗，妆面清新、美观、自然。 男性应保持面部干净，不留胡须及长鬓角，牙齿洁白、口腔无味	化浓妆或怪异妆；男乘务人员留胡须，工作前食用葱、蒜、韭菜、榴莲等有刺激性气味的食物
制服	制服穿着统一、规范，整洁干净，无污渍、褶皱、破损	制服有异味、污渍、破损；挽裤、挽袖
鞋袜	穿着制服时应按规定穿黑色皮鞋,鞋面保持干净光亮。女乘务人员穿裙装时，长袜颜色应选择与肌肤相近的自然色或肤色长筒连裤袜	穿极度磨损的鞋及露脚趾脚跟的鞋、袜；穿浅色袜子
配饰	饰品应自然大方，不可过度明显夸张。工号牌应佩戴在工作服左上侧兜口处，佩戴党（团）徽时，应将党（团）徽佩戴于工号牌中上方	佩戴过分夸张和闪耀的饰物；男员工佩戴耳部饰物

2）心理调整

作为乘务员一定要有稳定的心理素质。在日常生活中很多因素影响着个人情绪，但是作为一名优秀的乘务员不应该把消极的情绪带到工作岗位中。要保持良好的状态，不挑剔乘客，遇事冷静、理智、有技巧地去处理各种问题。

3）提前到岗

乘务员应提前到岗，进行制服的更换以及仪容仪表自检等各项工作准备。

2. 环境准备

1）工作环境的准备

将窗帘等归位，保持头套、座套干净平整无皱褶。

2）卫生环境的准备

对车厢顶棚、通风口进行清理，对垃圾桶定位，对车厢窗户玻璃、连接处、门框、窗框等进行擦抹，保持清扫工具干净，备品摆放一致。

二、乘务员岗位职责

（1）在车队长的领导下，做好清车，完成车站、途中乘客服务等工作；严禁乘客携带危险品、禁运物品和超限量物品上车。

（2）文明服务，做好开车前、运行中、到站前的各项宣传和站名预报工作。

（3）维护乘车秩序，爱护车内设施，保持车内清洁卫生，行车中积极做好安全宣传工作。发生事故时要及时抢救伤员。

（4）遵守客运有关规定和运输纪律，服从管理，主动配合稽查人员做好客运检查工作。

三、乘务员标准化作业流程

乘务员的作业流程如表 5-6 所示。

表 5-6　乘务员作业流程

程序	项目	作业内容	质量要求
始发准备作业	准备作业	1）穿着规定服装、佩戴职务标志，仪容整洁，仪表端庄。 2）按规定时间到指定地点集合、列队点名，听取上级指示、工作布置和学习有关文件和业务通知	着装统一，仪容整洁，职务标志佩戴在左胸上方。 准时到达，认真听记，接受提问，回答正确
	接受列车	1）与保洁人员按备品卡办理交接手续并签认，发现缺失、损坏时，及时向领导汇报。 2）检查客运服务设施设备运用状态和车内安全锤挂放情况；发现问题及时报告领导	检查全面认真；工具、备品齐全完整；交接手续完备；设施设备作用良好
	库内车容整备	1）与库内保洁人员按整备出库标准逐项进行鉴定验收。 2）落放车窗，整理窗帘等。 3）清扫卫生环境，做到干净整洁。 4）整理清扫工具、备品及业务台账资料。 5）检查投币刷卡设备、气压是否正常，检查灭火器是否在位，安全设施是否完好。 6）接受领导出库整备鉴定。 7）列车出库前锁闭车门	按标准验收，达标签收。车厢卫生达标，窗明几净，四壁无尘，无死角，边座椅套无污迹，顶棚、通风口无灰尘，垃圾桶洁净、套袋定位，通过台、连接处无污迹，工具柜内无杂物，桌腿无污垢，门框、窗框洁净，暖气管无积灰，清扫工具干净。 备品摆放一致；清扫工具齐全，隐蔽定位，工具柜、卧具柜加锁；资料台账完整有效，填写清楚

续表

程序	项目	作业内容	质量要求
始发站作业	开门立岗	列车到达正线后开始服务工作，打开车门，面向乘客，迎接乘客	出岗准时统一，立岗姿势端正，表情自然一致
	组织乘客上车	1）指引乘客刷卡、投币。查堵危险品，帮助乘客上车。 2）引导乘客，指定车门上下客。 3）客流统计	门岗宣传到位，工作认真，防止危险品带上车，防止乘客摔伤
始发站开车作业	车门管理	（1）铃响站线，铃止上车，车动锁门，面向站台行注目礼。 （2）列车出站台，自检互检边门	车门自检互检落实，防止漏锁车门，确保安全。
运行中作业	巡视车厢	1）加强车内巡视，及时整理车容车貌，卫生做到随脏随扫。 2）全面开展车门检查和车内巡视	态度和蔼，语言亲切，用语文明。卫生整洁干净，备品齐全定位
	通告宣传	1）随时进行安全宣传，解答乘客问询，检查危险品。 2）提醒乘客不要吸烟	宣传到位，防止乘客摔伤、挤伤
	乘客服务	1）做好车厢乘客服务工作 2）遇临时停车做好宣传，到边门处立岗，加强嘹望	照顾重点。重点乘客做到“二知二有”——知到站、知困难，有服务、有交接，了解重点乘客的困难、需求，帮助解决和提供服务。办理交接完毕后，接班乘务员要到重点乘客的位置对其情况进行了解，继续做好服务
	组织乘客下车	1）提醒到站乘客下车。 2）停稳开门，帮助乘客下车，提醒携带随身物品	及时到岗，姿势端正，防止摔伤，及时上交乘客遗失物品
终站作业	终到站前作业	清理车厢垃圾，扫拖地面、通过台、连接处。垃圾装袋扎口，放置反边门处	卫生整理达到无污水，垃圾装袋扎口，到站定点投放
	组织乘客下车	1）进站前到岗，试开车门，面向站台立岗；停稳开门，帮助乘客下车。 2）垃圾装袋，到站定点投放。 3）清点备品，全面检查车厢，发现乘客遗失物品交车长处理	及时到岗，姿势端正，防止摔伤，垃圾投放及时，及时上交乘客遗失物品
	终站交接	1）与保洁员按备品卡办理交接手续并签认。 2）遇有备品丢失、清扫工具损坏时，向车长汇报	交接手续完备，不准信用交接； 认真填写出退乘签到表，避免漏签、错签、涂改等现象
	终站退乘	在指定地点集合列队点名，听取车长总结乘务工作	仪容整洁，列队整齐，认真听记

四、乘务员服务礼仪要点

1. 仪态要求

（1）站姿要给乘客留下挺拔、健美的印象。

（2）行姿要“轻、稳、灵”。

（3）坐姿端正，不得出现抖腿、托腮等不雅肢体动作。

（4）手势动作规范，禁止使用单指手势等。

（5）举止文明，仪态大方。

2. 服务要点

（1）上班时精神饱满，始终面带微笑。与乘客交往时，表情亲切自然。

（2）说话语音柔和，口齿清楚，简明扼要。敬语当先，措辞得当。

（3）待人态度谦和，诚挚耐心。

（4）乘客上车或下车时，应在车厢门口相应的位置迎接或送别，常用的行礼方式有鞠躬礼、挥手礼。

（5）执行首问责任制，不误导、不推诿乘客。

第四节　站务员服务礼仪

站务员是现代有轨电车运营环节中，在站台与乘客服务的窗口岗位，工作内容包括解答乘客的疑问如车次站点、完成人流疏导等。端庄的仪容、规范的仪表、文明的服务用语、温暖的微笑、高效的服务，是对站务员的要求，体现着现代有轨电车客运服务水平。

一、站务员岗前准备

1. 个人准备

1）外表修饰

对站务员的外表修饰要求如表 5-7 所示。

表 5-7　站务员外表修饰要求

分类	基本要求	禁忌
发型	发型整齐利落、清洁清爽。男性头发长度要适宜，前不及眉，旁不遮耳，后不及领，修剪得体，轮廓分明。 女性短发后不过肩、前不盖眉，梳理整齐，无蓬松感，两鬓光洁，无耳发，长发需盘发，将头发挽于发网内，头花端正。 帽子不得歪斜	头发凌乱，染发颜色明显，夸张；留怪异发型；女站务员刘海遮面，男站务员留长发，鬓角遮挡耳朵

续表

分类	基本要求	禁忌
面部	女站务员应淡妆上岗，妆面清新、美观、自然。 男站务员应保持面部干净，不留胡须及长鬓角，牙齿洁白、口腔无味	化浓妆或怪异妆；男客运员留胡须，工作前食用葱、蒜、韭菜等有刺激性气味的食物
制服	制服穿着统一、规范，整洁干净，无污渍、褶皱、破损	制服有异味、污渍、破损；挽裤、挽袖
鞋袜	穿着制服时，不赤足穿鞋，应按规定穿黑色皮鞋深色袜子，鞋面保持干净光亮。女站务员穿裙装时，长袜颜色应选择与肌肤相近的自然色或肤色长筒连裤袜	穿极度磨损的鞋及露脚趾脚跟的鞋、袜；穿浅色袜子
配饰	工号牌（长方形职务标志）应佩戴在工作服左上侧兜口处，佩戴党（团）徽时，应将党（团）徽佩戴于工号牌中上方。臂章（菱形职务标志）佩戴在上衣左袖肩下四指处	佩戴过分夸张和闪耀的饰物；男员工佩戴耳部饰物

2）心理调整

站务员每天都要面对来往的乘客，保持良好的、积极的心态，不挑剔乘客，遇事冷静、理智、有技巧地去处理各种问题，不受日常生活中不良情绪的影响，是作为一名优秀的站务员应具备的素质。

3）提前到岗

站务员应提前到岗，进行制服的更换以及仪容仪表自检等各项工作准备。

二、站务员岗位职责

（1）贯彻执行有关安全生产及乘客运输的规章制度、命令和指示。
（2）负责检查站台服务设备设施，发现问题及时报修。
（3）负责作业区域突发情况的应急处理及汇报。
（4）负责监督、检查责任区域的保洁工作质量，做好卫生、禁烟宣传。
（5）负责收集乘客对车站服务工作的意见，受理乘客投诉，帮助乘客解决困难。
（6）负责对乘客做到全面服务、重点照顾。
（7）负责组织乘客分车次候车、检票进站。
（8）负责确保进、出站通道畅通，正确引导乘客有秩序进出站、上下车。
（9）负责认真查验车票，做好堵漏补收工作。
（10）及时准确填写本岗位各类记录与表格。
（11）有权制止和劝阻其他工作人员的违章违纪行为。

三、站务员作业流程

站务员的工作流程如表 5-8 所示。

表 5-8　站务员作业流程

程序	内容	要求
点名	参加点名会，接受命令指示，了解列车运行情况及重点工作	回答时要求精神饱满、声音洪亮。做到命令清楚，当日工作全面掌握
接受任务	接受客运值班员布置的具体工作和要求	做到任务明确
整理	整理仪容仪表	着装整齐，精神饱满。
列队上岗	重新整队后列队上岗	要求精神饱满，列队整齐
交接	对岗交接，检查负责区域的保洁质量、服务设施设备等情况	做到卫生达标、设备良好、备品定位； 检查刷卡机器是否开启，及时联系当班票务开启刷卡机器
站台作业	1）引导乘客刷卡、投币；引导乘客指定上下门上下车。 2）服务在乘客周围，掌握列车运行状态和乘客候车动态。 3）统计客流情况。 4）维护站台秩序，组织乘客安全、有序候乘车。 5）执行作业标准，解答乘客问询，受理乘客投诉。 6）妥善处理站台内突发情况，及时上报。 7）遇列车晚点时，做好宣传、解释工作，主动帮助乘客解决困难，稳定乘客情绪	1）做到态度亲切、有序引导。 2）做到重点乘客细微服务。 3）耐心解答问询。 4）准时上岗，检票认真，不误检、不漏检。 5）做到沉着果断，措施得当。 6）做到耐心解释，妥善处理
出站	有序组织乘客出站。	做好出站检票工作，方便乘客快捷、迅速通行
班后交接	交班前，检查服务区域设备备品、卫生保洁质量、物品定位摆放等情况，做好遗失物品的登记和保管	做到遗失物品的登记、保管等工作

四、站务员服务的基本要求

1. 仪态要求

（1）站姿要给乘客留下挺拔、健美的印象，不背手、不叉腰插兜、不抱臂膀，不勾肩搭背。

（2）行姿要“轻、稳、灵”，不要给乘客留下慌张的感觉。

（3）手势动作规范，禁止使用单指手势等。

（4）举止文明，仪态大方。

（5）不得在乘客面前吃食物、吸烟等。

2. 服务要点

（1）上班时精神饱满，始终面带微笑。与乘客交往时，表情亲切自然。

（2）说话语音柔和，口齿清楚，简明扼要。敬语当先，措辞得当。

（3）待人态度谦和，诚挚耐心。
（4）对不同国籍、民族的乘客应一视同仁。尊重民族习俗和宗教信仰。
（5）面对乘客问询要先打招呼，并面向乘客站立回答。
（6）在工作中，对乘客的配合和支持应表示谢意；遇有工作失误之处，应向乘客表示歉意。

五、站务员岗位服务技巧

1. 四多

（1）多看：多看有无异常情况，看有无需要帮助的情况和需要处理的设备故障；
（2）多听：多听乘客对服务的意见、建议。
（3）多巡：多走动、巡视了解站台客流情况，留意乘客动态。
（4）多引导：引导乘客到人数较少的列车一端乘车。

2. 四到

（1）心到：服务工作中，精神高度集中，随机应变，用心服务。
（2）话到：提醒乘客按规章制度乘车，及时劝阻违章行为，多提醒乘客注意安全。
（3）眼到：密切监控，注意乘客动态以及车站设备工作状况，随时准备服务。
（4）手到：主动处理问题。

第五节　司机岗服务礼仪

司机是现代有轨电车运营环节中的一个特殊工种，是运营安全的“守门员”。为了满足乘客出行需求，司机必须安全、准时完成列车驾驶任务。司机是行车重要工种，在整个运营安全中起着至关重要的作用，每一项操作、每一个环节都直接与行车安全息息相关的。这一岗位具有责任重、风险大等职业特点。

一、司机岗位职责

（1）具有高度的工作责任感，严格遵守有关规章制度，树立安全第一的思想，努力钻研技术，不断提高业务水平。

（2）司机必须严格执行各项规章制度，遵守行车纪律，确保行车安全，严禁无驾驶证开车。

（3）积极参加业务培训和安全教育。

（4）服从行车部门的指挥，遵守劳动纪律，执行各项规章制度，严守操作规程，保证安全行车和完成生产任务。

（5）负责车辆的保养工作，配合修理人员做好各项修理工作。

（6）定期向主管部门报告车辆技术状况、安全情况。

（7）安全驾驶车辆，按规定及时处理事故和故障。

（8）按要求出乘，不酒后或疲劳开车。

（9）掌握和熟悉运行区段线、路基的状况和病害处所，按要求驾驶车辆。

（10）确保各种随车工具、备品、用品齐全良好，做好车内外清洁及其他相关工作。

（11）认真执行收车检查制度和交接班制度，填写《工作日志》，及时汇报安全及车辆状况，适时报告到达地点及完成任务情况。

（12）执行包乘、包检、包养制度，承担行车驾驶的相关责任。

二、司机应具备的能力和素质

司机要想保证行车安全，就必须具备以下的能力。

（1）基本驾驶能力：熟练掌握列车基本驾驶技术及操作方法。

（2）应急处置能力：当车辆遇到突发事件、状况时，能够立即采取相应措施和灵活的方法，排除故障及不安全因素，恢复列车正常运行。

（3）岗位认知能力：司机要有强烈的岗位意识和工作责任心，并具备本岗位所要求的思想素质高、技术业务过硬、身体健康、心理素质好等能力条件。

三、司机服务的基本要求

1. 上班前

（1）睡眠充足，不得饮酒，保持头脑清醒，精力充沛。

（2）按规定穿着制服，必须持证上岗，“三证”（司机驾驶证、年检合格证、三检一探合格证）齐全、有效。

2. 列车启动前

（1）检查相关行车备品，认真阅读相关文件。

（2）对车辆进行专业的全面检查。

3. 列车驾驶过程中

（1）坐姿正确、集中精力、谨慎驾驶、彻底瞭望、确认信号，并认真执行行车制度。

（2）遵守司机守则，不准接打私人电话。

（3）及时发现潜在的危险，并上报有关部门进行处理。

（4）当乘客有不当行为时，要进行广播劝阻，必要时，及时上报，以免骚扰或危害其他乘客。

4. 换班

（1）检查自己的仪容仪表，注意提包的姿势。

（2）向班组负责人退勤，汇报此次出车任务完成情况及车辆状况。

（3）记录《工作日志》。

四、司机岗位知识

1. 现代有轨电车“十不开”规定

（1）机械未经检查不开。

（2）疲劳驾驶不开。

（3）部件、备品不齐不开。

（4）开放信号不正确及凭证不对不开。

（5）出发进路不妥不开。

（6）连接不良、制动未经试验不开。

（7）材料未装好、人员未坐稳不开。

（8）喇叭、大灯照明不良不开。

（9）超载、超限、联挂不符合规定不开。

（10）运行时间不足、乘务员不足不开。

2. 司机常见问题处理

司机可以根据服务中不同的问题采取妥善的处理方法。

1）当遇到异常情况需要紧急停时

司机应及时进行广播，通知乘客紧握扶手或系好安全带，避免因碰撞跌倒而造成损伤。

2）当车内乘客启动抱紧装置时

（1）司机应了解乘客的情况：“乘客您好，我是本次列车的司机，请问有什么可以帮您？”

（2）司机注意在通话过程中要表明自己的身份，向乘客了解信息（发生什么事情，具体位置，情况严重程度，是否可以到下一站处理等），必要时需要上报相关部门。

（3）安抚乘客。

3）当驾驶过程，乘客拍打驾驶室时

（1）司机不要打开驾驶室车门，不要与乘客隔着驾驶室的窗户说话。

（2）列车司机应记下乘客投诉的事情。

（3）司机应通知运营中心安排工作人员在下一站进行处理。

（4）司机应广播安抚乘客。

4）当列车因事故需要停一段时间时

当列车因事故需要停一段时间时，司机应尽早广播，说明原因，得到乘客的谅解。

3. 十六字令

十六字呼唤应答的内容是：彻底瞭望，确认信号，高声呼唤，手比眼看。

4. 手比方式

（1）信号显示要求通过（显示绿灯、绿黄灯）时：右手伸出食指和中指并拢，拳心向左，指向确认对象。

（2）信号显示要求正向径路准备停车（显示黄灯）时：右手拢拳伸拇指直立，拳心向左。

（3）信号显示要求侧向径路运行（显示双黄灯、黄闪黄）时：右手拢拳伸拇指和小指，拳心向左。

（4）信号显示要求停车（显示红灯，包括固定和临时）时：右臂拢拳，举拳与眉齐，拳心向左，小臂上下摇动 3 次。

（5）注意警惕运行时：右臂拢拳，大小臂成 90 度角，举拳与眉齐，拳心向左。

（6）确认仪表显示时：右手伸出食指和中指并拢，拳心向左，指向相关确认设备。

（7）确认非集中操纵道岔、各类手信号、防护信号（脱轨器）时：右手伸出食指和中指并拢，拳心向左，指向确认的非集中操纵道岔、各类手信号、防护信号（脱轨器）。

（8）列车运行中，LKJ（列车运行监控装置）提示前方列车运行限制速度有变化时，司机必须在变速点前，对变化的速度值及时进行确认呼唤；确认呼唤时，右手伸出食指和中指并拢，拳心向左，指向 LKJ 显示部位。

（9）手比以注意警惕姿势开始和收回，手比动作稍作停顿。

五、司机服务礼仪要点

1. 仪态要求

（1）坐姿端正（如图 5-3 所示），不得出现抖腿、托腮等不雅肢体动作。

（2）手势动作规范（见图 5-4）。

（3）举止文明，仪态大方。

图 5-3　司机规范坐姿

图 5-4　司机规范手势动作

第六篇 服务心理学

导 读

在产品差异化越来越小的今天，企业之间的竞争再也不仅仅是有形产品间的竞争，而更多的是无形的服务间的竞争。现代有轨电车运营作为服务行业，其中的每一个员工必须树立起服务意识，同时应掌握和应用心理学的基本知识使客运服务工作更具有主动性、针对性，从而提高服务质量。

第一节 服务的概述

现代有轨电车服务是指以现代有轨电车作为交通工具进行的客货运输的陆地活动。由于现代有轨电车服务行业自身的特点与要求，现代有轨电车服务与其他行业，如餐饮、旅游等服务内容与特征并不相同。

一、服务的含义

1. 服务与现代有轨电车服务的概念

《现代汉语词典（第七版）》中，对服务有这样的解释："服，担任（职务）；承担（义务或刑罚）；承认；服从；使信服。务，事情、事务；从事、致力。""服务"就是为集体（或别人的）利益或为某种事业而工作；"服务行业"就是为人服务，使人生活上得到某些方便的行业。

通常我们这样来定义服务：服务就是在业务范围内，为了满足业务对象的需要，通过一定的方式和活动，使顾客从中受益的一种有偿或无偿的活动。简单地说，服务就是满足别人期望和需求的行动、过程及结果。服务的实施可以在为顾客提供的有形产品上完成，也可以在为顾客提供的无形产品上完成。

现代有轨电车服务是为了满足乘客出行的需要，在乘客出行发生前、乘客出行过程中、乘客出行结束后提供的有形及无形的产品和活动。这些产品和活动使得乘坐现代有轨电车出行的乘客在完成自身的位移需求外，还能够感受安全性、舒适性、便利性等方面的满足。

2. 服务的释义

服务（SERVICE），在现代有轨电车服务行业从业者重新诠释下，其英文的每个字母都可以代表不同的含义。

（1）S（Smile）——服务人员应该对每一位客人提供微笑服务，微笑服务是最基本的服务要求。

（2）E（Excellent）——服务人员应将每一个服务程序，每一个微小服务工作都做得很出色。

（3）R（Ready）——服务人员应该随时准备好为客人提供服务。

（4）V（Viewing）——服务人员应该将每一位客人看作是需要提供优质服务的贵宾。

（5）I（Inviting）——服务人员在每一次服务结束时，都应该显示出诚意和敬意，主动邀请客人再次乘坐。

（6）C（Creating）——每一位服务人员应该想方设法精心创造出使客人能享受其热情服务的氛围。

（7）E（Eye）——每一位服务人员始终应该以热情友好的眼光关注客人，适应客人心理，预测客人要求，及时提供有效的服务，使乘客时刻感受到现代有轨电车服务人员在关心自己。

二、服务的特征

与普通的有形产品相比，服务具有无形性、不可储存和分离性、差异性以及综合性。

1. 无形性

服务与有形产品不同，它往往不是实体，具有无形性。有些情况下，服务会和一些物质形态有关系，但物质形态只是服务产品的物质载体。比如，乘坐现代有轨电车出行时，购买的不是有轨电车座位而是乘车服务。无形性是服务的最基本、最主要的特征。

2. 不可储存性

产品是有形的，因而可以储存，而且有一定的使用寿命。服务往往在同一场地生产并提供给客人。因而服务通常是无法储存的，不能像有形产品那样储存以备将来销售 。

3. 不可分离性

服务的生产过程和消费过程在空间和时间上是同时并存、同时进行的，两者不能单独存在。

4. 服务质量的差异性

服务的质量不同于有形产品那样可以按照统一的工艺流程进行生产控制，也不能按照统一的技术标准进行量化评价，服务质量水平因人、因时、因地而表现出差异性，很难控制。

乘客参与在客运服务过程中，整个运营过程暴露在乘客面前。服务的传递者如不能发现乘客的需求和特殊要求及乘客对组织的期望，也就不能够及时、适当地配合其他工作人员和管理者的工作，那么服务的质量就必定受到局限，甚至不可能提供一流的服务。

5. 服务构成的综合性

服务质量是由现代有轨电车设施设备、环境氛围以及安全与服务构成的。这里，设施设备、质量安全是现代有轨电车客运产品质量的基础，环境气氛是补充，服务质量是最终的表现形式，是适合和满足客乘需要的最后体现。

因为服务具有以上的特性，决定了乘客很难像评价物质产品的质量一样去评价现代有轨电车客运服务质量。虽然如此，乘客仍可以根据服务过程和结果来评价客运服务，他们的评价主要是通过对其得到的服务与所期望的服务进行比较而得出的。所以，客运服务一线员工的企业内训、服务礼仪知识的培训以及礼仪在现代有轨电车客运服务中的普及将是提高现代有轨电车客运服务质量的重要手段。

第二节 服务意识

要想成为一名优秀的现代有轨电车服务人员，首先应有全心全意为乘客服务的意识。只有怀着为他人服务的意识，为每位乘客着想，才能提供优质的服务。作为现代有轨电车服务人员来说，培养良好的服务意识是实现优质服务的前提。

案 例

假如我是一名旅客

为了提高客运工作人员的服务质量，广州站从 2000 年 7 月 10 日开始，在客运服务人员中开展了“假如我是一名旅客”的活动。主要内容包括：每人携带一个装有 10 千克以上物品的行李袋，从站内步行到站前路售票大厦，以售票员签字为准；购票后，步行返回车站无空调的第七候车室，同旅客一道候车一小时以上，中途不得离开候车区域，在由专人登记确认候车时间后，即可随旅客一同进入站台。车站还规定，每个参加活动的人员事后都要写一篇心得体会及今后打算。

平时见惯了旅客购票候车的客运服务员，算是吃了不少苦头。一位值班员在活动结束后说：“参加‘假如我是一名旅客’活动，使我们感到旅客确实不容易，拉近了我们与旅客的距离。”

韶关站也曾分三批让 200 多位职工去当一回旅客，亲自感受旅客乘车的难处。他们在暑运客流相对集中期间，分三批用汽车将客运员送到韶关市区不同地方赶车，让他们背负至少 10 千克以上行李，徒步下车到火车站，按先后顺序排队买票、检票、候车、进站、上车，分别坐到英德、广州、坪石、郴州、衡阳等地再返回，然后分班组集中讨论，进行个人发言；最后综合讲评。许多客运员事后深有感触：如此炎热的天气里坐车很辛苦，出门坐车难处多，情绪很难平静，如果服务质量不到家，旅客有意见合情合理。今后，我们要提高服务质量，认真实践“没有旅客的不对，只有我们的不足”的服务宗旨和诺言，以良好的服务态度和舒适的候车环境，为铁路运输争光。

一、服务意识的概念

意识是人的头脑对于客观事物、事件的反映，是感觉、思维等各种心理过程的总和，其中思维是人类特有的反映现实的高级形式。简单地说，意识就是我们的觉知状态，即对我们自身、对外界的环境事件以及对自身与外界环境事件关系的觉知状态。意识具有主观性、统一性、流动性、能动性四个基本特征，这些特征决定了每个人的意识都是独一无二的，都是自主选择的，都是别人无法强加的，而且是可以通过后天的努力加以提高的，并且意识能够控制和改变我们的行动，以达到我们的预期目标。

服务意识是服务人员所体现的热情、周到、主动的服务欲望。服务意识是自觉主动做好服务工作的一种观念和愿望，它发自服务人员的内心，它是服务人员的一种本能和习惯，它是可以通过培养、教育训练形成的。

现代有轨电车企业作为一个服务企业，服务意识必须作为对员工的基本素质要求加以重视，每一个员工也必须树立起自己的服务意识。服务意识有强烈与淡漠之分，有主动与被动之分。这是认识程度问题，认识深刻就会有强烈的服务意识；有了强烈展现个人才华、体现人生价值的观念，就会有强烈的服务意识；有了以企业为家、热爱集体、无私奉献的精神，就会产生强烈的、主动的服务意识。

二、服务意识的内容

1. 乘客永远是对的

“客人永远是对的”这句话，是世界著名国际酒店集团万豪的创始人约翰·威拉德·马里奥特先生提出的。它改变了世界的服务理念。

“客人永远是对的”这句话不是对客观存在的事实所做出的判断，它只是对服务人员应该如何去为顾客服务提出了一种要求，提出了一个口号。“乘客永远是对的”是现代有轨电车企业对服务的一种精神，意思是要把“对”让给乘客，即把“面子”留给乘客，但是不一定乘客事实上都是对的。

具体体现在以下四个方面：

1）要充分理解乘客的需求

对乘客提出超越服务范围、但又是正当的需求，这并不能认为是乘客的过分，而应认为是我们服务产品的不足，所以我们应该尽量作为特殊服务予以满足。如果确实难以满足，必须向乘客表示歉意，取得乘客的谅解。

2）要充分理乘客的想法和心态

乘客在外受气而迁怒于有轨电车，或因身体、情绪等原因而大发雷霆，对此种态度和要求，我们应该给予理解，并以更优的服务去感化乘客。

3）要充分理解乘客的误会

由于文化、知识、地域等差异，乘客对有轨电车的规则或服务不甚理解而提出种种意见，或拒绝合作，我们应当向乘客做出真诚的解释，并力求给乘客以满意的答复。

4）要充分理解乘客的过错

由于种种原因，有些乘客刻意找茬，或强词夺理，我们必须秉承“乘客总是对的”的原则，把理让给乘客，这不仅仅体现了服从的服务意识，更是把“面子”留给了乘客，有了“面子”的乘客就会回报有轨电车服务更大的“面子”——现代有轨电车服务形象的提升。

2. 服务三“A”原则

服务三“A”原则是美国学者布吉尼教授所提出的。“A”就是三个以 A 开头的英语单词，其中文意思是“接受别人（Accept）”“重视别人（Appreciate）”“赞美别人（Admire）”。三“A”原则的基本要求包括以下内容。

1）接受服务对象

由于种种原因，在过去的一段时间内，存在着一些轨道交通行业的从业人员有优越感的现象。作为新型大众交通工具的现代有轨电车从业人员应该改变服务观念、接受服务对象、调整服务心态。

接受服务对象，要求不论乘客是谁，不论乘客的素质如何，服务工作人员都应积极、热情、主动地去接近乘客，亲和友善地接受乘客，不能怠慢、冷落乘客，更不能挑剔、排斥服务对象。这不仅体现在思想上，更应该体现在实际行动上。

2）重视服务对象

“要让他人感到被重视”，这是许多服务企业再三强调服务观念。

乘客希望受到重视，这绝不仅指“礼貌服务”“微笑服务”。乘客希望服务工作人员认真对待和仔细聆听他们的要求，向他们提供详细的信息并正确回答他们的问题。服务人员应留意他们心中的想法，留意他们想说而没有说出来的话。

案 例

设备出故障，服务来弥补

某日，地铁线路由于信号设备故障，影响到该线路上列车各有不同程度的晚点。该条线路是连接城区与机场的轨道交通线路，当其中一趟受影响的列车到达机场站时，车上有 3 名乘客下车找到车站站台的工作人员反映，他们的飞机就快要过了办理登记手续的时间了，他们需要搭乘今天的班机去办理紧急的事宜，希望得到车站工作人员的帮助。

车站的站台工作人员接到乘客的反馈信息马上向车站控制室的值班人员汇报情况，值班人员接到信息要求站台人员迅速指引 3 名乘客出站，同时主动与地面的机场客服部联系，希望得到机场客服部人员的配合。一方面，车站的工作人员引导并帮助这 3 名乘客迅速通过出闸口，并找来机场的行李车供他们使用便于快捷行走；同时车站的工作人员还向乘客道歉，说明是由于地铁交通信号故障的原因影响了乘客出行，希望获得乘客的谅解。另一方面，车站控制室的员工将这 3 名乘客的信息及搭乘的航班班次报给机场客服部人员，并向机场方面说明这 3 名乘客的特殊情况，希望机场能够为他们尽快提供登记服务。经过双方的沟通和努力，机场同意为 3 名乘客开辟登记绿色通道，并安排专人为他们服务。车站工作人员接到信息后，陪同 3 名乘客迅速赶往机场相应的区域，并将这 3 名乘客的情况与机场人员做了交接。经过多方努力，这 3 名乘客顺利地办理了登记手续并登机。事后这 3 名乘客致电轨道交通服务热线对机场站的轨道交通工作人员能够迅速解决乘客的困难，并在紧急时刻给予乘客及时有效的帮助表示感谢。

3）赞美服务对象

欣赏乘客、赞美乘客会让乘客获得极大的快乐。人人都渴望掌声与赞美，哪怕只有一句简单的赞语，都会给人带来温暖和振奋。赞美是符合人性的法则，适当得体的赞美，会使人感到开心、快乐，被赞美的人会给出意想不到的回报，因此要抓住机会赞美乘客。

我们在赞美服务对象的时候，要注意以下两点原则。

（1）适可而止：赞美对方应把握好分寸，否则会使赞美本身贬值，对方会觉得赞美没有任何实际的意义。适可而止的赞美能够让服务对象感受到我们的服务真心，从而加强赞美的作用。真正的赞美是建立在实事求是的基础上的。因此，一定要恰如其分地赞美他人。

（2）因人而异：每个人对赞美的渴望程度是不同的，对赞美的内容要求更是因人而异。面对一位外貌出众的女士，可以夸她“漂亮”；面对相貌一般的女士，称道她“气质好”更为得体；而“很有教养”这一类赞语，则可以用于称赞长相实在无可称道的人。要善于发现对方的优点进行赞美，而不能不看对象，胡乱赞美一通。只有因人而异的赞美，才能取得更好的效果。

3. 服务黄金法则

服务的黄金法则是：想要别人怎样对待你，你就怎样去对待别人。

美国著名作家、学者爱默生在文章《报酬》中写道：“每一个人会因他的付出而获得相对的报酬。”“在生活当中，每一件事情，都存在着相等与相对的力量。”也就是说不管付出的多寡，人们会得到与付出相对的报酬，而今天的收获是过去努力的报酬，这项法则叫作报酬法则。假如要增加自己的报酬，就要增加自己的贡献价值。从长远来看，获得的报酬通常不会超过自身的付出。

在报酬法则之外还有另外一种超额报酬法则：“只要你在提供服务上多下功夫，你的回报一定会增加。永远多走一里路，永远做多于所应当做的，当你在不断地付出，不断地付出多于你所当付出的，你就一定会获得倍增的补偿。”想得到爱，要先付出爱，想得到快乐，要先献出快乐，有播种才会有。

服务者要记住这句话：“每一份私下的努力，都会有倍增的回收，在公众面前被表扬出来。”

4. 服务白金法则

服务白金法则是美国最有影响的演说人之一和最受欢迎的商业广播讲座撰稿人托尼・亚历山德拉博士与人力资源顾问、训导专家迈克尔・奥康纳博士研究的成果。

白金法则的精髓就在于“别人希望你怎样对待他们，你就怎样对待他们”，从研究别人的需要出发，然后调整自己的行为，运用智慧和才能使别人过得轻松、舒畅。运用到有轨电车客运服务中，其本质是以乘客为中心，满足乘客的消费需求，为乘客创造价值，使乘客价值最大化、乘客成本最小化。

要学会真正了解乘客，然后以他们认为最好的方式对待他们，而不是我们中意的方式。这一点还意味着要花些时间去观察和分析乘客，然后调整自己的服务产品和服务行为，以便让乘客觉得更称心和自在。服务白金法则就是不管乘客叫服务人员做什么，只要其要求不违反法律法规等、不违背社会公共道德以及不涉及客运安全，我们都应按照乘客的希望去做。乐于被乘客“使唤”，暂时放弃个人的主观愿望，全心全意去遵从乘客的需求并尽量照此行动，这就是服务的白金法则。

在运用服务白金法则时，有以下三个要点必须注意：

（1）乘客行为合法。乘客行为合法是前提，法律是服务的底线。当然，由于服务的特殊性，安全是所有工作的重中之重，所以，乘客的行为还要符合安全的需要，符合社会道德规范，不能简单地乘客要什么给什么。

（2）服务应以乘客为中心，服务产品的设计应以乘客需求为出发点，服务质量标准应以乘客满意为起点，对乘客服务规定及服务礼仪应以方便乘客为前提。乘客需要什么，服务人员就要尽量满足乘客什么。

（3）乘客的需要是基本的标准，服务人员不能想干什么就干什么。

小喇叭

播下行为的种子，你会收获习惯；

播下习惯的种子，你会收获性格；

播下性格的种子，你会收获一生的命运。

第三节　服务意识培育

有轨电车运营车站是现代有轨电车企业的重要窗口，在车站内、客运中等各个服务岗位从业人员的服务意识直接反映着现代有轨电车企业的经营管理水平和企业形象。服务意识可以通过培养和教育形成。

案　例

冉阿让的角色认知

《悲惨世界》是法国作家雨果的一部著作，里面有个人物叫冉阿让。冉阿让一生的经历，就是自我角色定位的过程。他开始认为自己是个好人，但由于拿了面包被关进了监狱。在监狱中，他不断被人告知自己是个小偷，于是他接受了自己是小偷这一角色认知。

冉阿让刑满出狱后，由于找不到工作，被好心的主教收留在教堂。因有着“我是小偷”的信念，冉阿让又偷了教堂的东西并被警察抓住了。按照当时的法律，冉阿让重犯盗窃罪要受终身监禁。就在他处于人生转折点时，主教对警察说：“冉阿让是好人，他拿的东西是我送的。”由于主教的慈悲和感化，冉阿让洗心革面，重新做人，思考他的角色定位，在根本信念上认知自己是个好人。

从案例中可以看到，冉阿让通过角色认知产生了根本信念的转变，人生也发生了巨大转变。所以，在职场中，根本性信念也会很大程度影响自身的工作表现。

现代有轨电车企业是交通运输行业，也是服务行业。企业提供的产品是运输服务，现代有轨电车服务的过程是将乘客运输送达目的地的过程，服务对象是广大乘客，因此服务的过程也在运输的过程中同步体现。

现代有轨电车企业的服务理念是本着全心全意为乘客服务的原则，安全、准时、快捷、舒适、便捷地让乘客在享受现代化交通工具的同时感受到优质服务。服务的目标就是让乘客满意。

一、什么是优质服务

对于“优质服务”的含义，不同的人有不同的理解，但有一点是共同的，即优质服务含有超出常规的和一般性的服务内容和服务满足。优质服务一般可理解为“规范服务+超常服务=优质服务”，即优质服务是在规范服务的基础上有超乎常规的表现。规范化的服务可以使乘客无法感到不满意，而超常服务则是在完成规范服务的基础上，提高服务效率，或者增加一些规范服务中所没有涉及的、根据特定情况所额外提供的服务内容。

优质服务的衡量标准在于乘客的满意程度。乘客满意程度取决于乘客接受出行服务前后的感知和体验的对比。在通常情况下，一般乘客会有三种感受（见图 6-1）。当乘客事先期望低于事后获得的服务，则乘客会感到不满意，甚至会产生抱怨或投诉，如果对乘客的抱怨采取积极措施妥善处理就有可能使乘客的不满意转化为满意；当事后获得的服务接近事先期望时，则乘客就会满意；当事后获得的服务远远超过事先期望时，乘客就会获得较高的满足感，感受到惊喜，这就是优质服务。

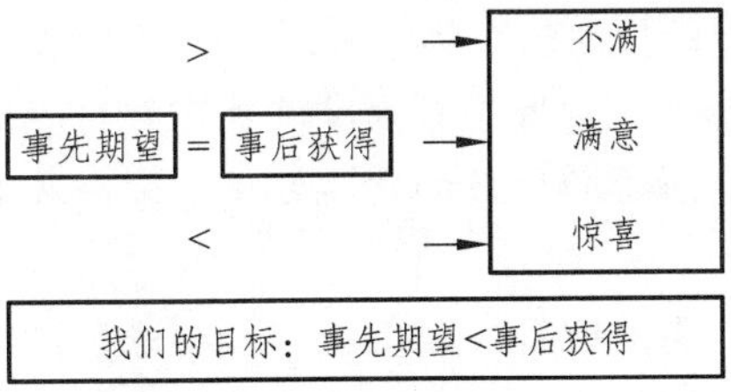

图 6-1　乘客满意度与出行前后感知对比的关系

在服务过程中，要主动为乘客提供贴心服务，使乘客感受到超值服务，超越原本的期待。客运服务工作人员需要在熙熙攘攘的客流中及时发现需要帮助的乘客，通过温和的表情，适当的目光交流，得体的举止和姿态增加乘客的信任感，让其感受到重视和关怀，传递出友善、关注、尊重、理解等信息。

二、服务意识的培育

作为一个企业，特别是现代有轨电车这样的服务企业，服务意识必须作为员工的基本素质要求加以重视。现代有轨电车工作人员的服务意识决定着服务行为和服务态度，加强工作人员的服务意识的培育，有助于提高企业的服务质量。

（一）建设良好的企业文化

企业文化是指在一定条件下，某组织在其发展中形成的，组织成员共同认同和拥有的一组管理理念、价值观取向、行为准则，以及规章制度、行为方式、物质设施等外在表现。

现代有轨电车企业的企业文化包括四个层面；一是企业的核心价值观，它包括企业价值观、企业愿景、企业使命等，是企业文化的核心内容。二是制度层面，包括企业的规章制度、企业的工作流程等，是保证企业核心价值观贯彻下去的制度保障。三是行为层面，它包括企业员工的日常行为，是企业核心价值观在人们行为上的具体体现。四是物质层面，它包括企业形象等，是最为外显的企业文化。

作为服务主导的现代有轨电车企业来讲，企业文化在塑造和影响现代有轨电车服务人员服务意识方面的作用尤为显著。服务意识直接影响着服务行为。建立真正的以乘客为中心的服务文化，有利于服务组织倾听乘客的声音，积极发现乘客的需求，为服务创新提供可能。而服务文化是以服务价值观为核心，以创造乘客满意、提升企业核心竞争力为目标，以形成共同的服务价值认知和行为规范为内容的文化。

企业价值观念对员工的影响是深远的，从思想上、行动上都十分明显。如果现代有轨电车企业员工理解自己企业的特点，认识到自己工作的价值和意义，那么就会产生热爱企业的荣誉感和自豪感，从而以主人翁的姿态积极工作，进而激发出巨大的工作热情，规范自己的行为，主动为乘客提供令其满意的服务。所以企业文化是现代有轨电车服务企业的生命线。

（二）培养现代有轨电车客运人员的角色心理

为了提高服务水平，应培养有轨电车工作人员的角色认知能力。“角色”一词，原是指演员在戏剧舞台根据剧本所扮演的某一特定人物的专门术语。在社会学中，则是指每个人作为社会一分子，在社会大舞台上所扮演的人物形象。

角色定位指的是每个人在工作过程中必须准确地定好自己所需要扮演的角色。角色认知是指每个员工根据社会对自己所扮演角色的常规要求、限制和看法，对自己行为进行适当地自我约束。

社会组织对每个人都有行为的期待，要求每一社会成员认清自己的地位和身份，扮演自己的角色，按照社会、组织所期望的去做，以保持良好的社会秩序和正常生活。角色的概念与人的概念不同，一个角色代表不了一个完整的人，只代表一个人的某个侧面，而一个人可以具有不同的身份，扮演不同的角色，通常每个人同时扮演着多重角色。例如一个铁路工作者在单位可以是站长、党员、工会会员，在家庭则是丈夫、儿子等。

现代有轨电车客运人员在工作过程中，应清楚不同的时间、地点、场合下自身所担当的不同角色，应具备以下的角色意识。

1. 亲人角色

作为一名现代有轨电车工作人员，面对不同的服务对象时应明确自己的身份定位，应该按照乘客的需求不断变换自己的角色。对于老人、孩子、病人等群体，应该代入亲人等角色，在服务中倾注更多的责任心，倾注更多的爱心，倾注更多的耐心，让他们体验亲情和温暖。

2. 服务员角色

服务人员与服务对象是众多社会角色关系中的一种，现代有轨电车客运人员与乘客的关系是服务与被服务的关系，对乘客承担着社会责任。所以尊重乘客、关爱乘客是客运人员的职责。以乘客利益为核心，则是客运职工的职业信条。

服务业有句名言：顾客是上帝。那么服务人员和顾客是否是平等的呢？对这个问题要有正确的认识。乘务人员与乘客在人格上是平等的，但作为特定的社会角色，在工作中、在形式上与乘客则是“不平等”的。服务中，我们应该这样理解平等。对所有乘客一视同仁、同等对待；所有乘客购票、定坐等机会均等：只要可能，应满足所有乘客的最基本的需要；乘客支付费用，享受服务的满足；员工付出服务的努力，挣取自己的工资收入。

以乘客利益为中心是指在服务工作中，服务的出发点是乘客的需求，服务以乘客为中心。优质的服务并非卑躬屈膝，而是以细心、耐心、热心为基础，以乘客为中心，时刻让乘客感受到被尊重，为乘客提供最好的服务。

所以现代有轨电车客运职工应有服务员的角色意识，即使是面对情绪激动的乘客也要能冷静对待，从而赢得理解和信任。

3. 现代有轨电车形象的代表者角色

现代有轨电车运营企业作为窗口行业，每一名员工的服务形象不仅代表个人，也体现了整个现代有轨电车运营企业的形象和员工的整体职业素养，关系着各现代有轨电车企业的生存与发展，因此每一个现代有轨电车职工的身上都系着一份责任和义务。一线客运人员的服务是与乘客接触的第一窗口，乘客对现代有轨电车服务的第一印象也是从客运服务员开始的。如果客运服务人员能以良好的情绪、最佳的状态投入到工作中，并且传递正能量，产生的效果也当然能让乘客欣然接受。反之，如果工作人员本身就状态不佳，情绪失控，通过服务传递给乘客的是消极情绪，那么所产生的服务也就不会让人满意。所以客运人员一定要具有“我是现代有轨电车形象代表”的角色心理，自觉地为这个形象增光添彩。

4. 乘客的参谋角色

俗话说“出门难”，乘客乘车出门难免会遇到许多困难，如乘错车、坐过站、遗失了钱物等。这时候，乘客往往希望得到车站和相关工作人员帮助。那么，现代有轨电车服务人员应该尽可能利用信息灵通的优势，积极为乘客出主意，想办法，当好参谋，不可袖手旁观。

5. 调解人角色

一个组织不管被管理得多么好，总会遇到或多或少的冲突或问题。现代有轨电车工作人员必须善于处理冲突和解决问题。一是解决乘客的投诉，化解乘客在现代有轨电车运营过程中的产生的各种抱怨与冲突等；二是解决乘客与乘客之间的摩擦，必须想方设法排除一切干扰，保证客运目标的顺利实现。

总之，对不同的乘客，需要不同的角色定位。客运服务人员应找准自己的位置，将自身角色的作用发挥到最好，发挥到极致，就能成为一名出色的客运服务人员。

（三）树立正确的服务意识

每一位现代有轨电车服务人员必须树立起正确的服务意识。

1. 提倡“没有任何借口”的服务意识

任何借口都是推卸责任，在责任和借口之间，选择责任还是选择借口，体现了一个人的工作态度和服务意识。

在服务出现问题的时候，找出一些冠冕堂皇的借口，可能会一时换得乘客的理解和原谅，从而把过失掩盖掉，在心理上得到暂时的平衡。但长此以往，因为有各种各样的借口可找，我们就会疏于努力，不再想方设法去争取为乘客提供最好、最满意的服务，而是把大量时间和精力放在如何寻找一个合适的借口上。

“没有任何借口”是无数商界精英秉承的理念和价值观。它体现的是一种完美的执行能力，一种服从、诚实的态度，一种负责、敬业的精神。对服务工作而言，乘客满意就是好，不满意就是不好。没有任何借口。

正确的服务意识、强烈的服从观念，就是要求服务人员确实把服务当成心爱的事业，把乘客当成“心爱的人”，细心、精心、留心，为乘客提供体贴入微的，让乘客舒心的服务；投入真情，以真诚赢得乘客忠诚，最后实现价值双赢的服务；用心、用脑，用艺术和智慧，最后达到“优质服务”。

2. 落实首问负责制度

娴熟的服务技能是现代有轨电车工作人员必备的专业素养和基础，用心用情服务是现代有轨电车工作人员最基本的工作职责和要求。

1）首问责任制的概念

首问责任制是指在客运服务工作中，当乘客提出服务需求时，不管与自己的岗位、职责、业务领域有无关系，都要主动地把自己当成实现乘客需求的第一责任人，自觉地想尽办法力求在第一时间让客人满意，不允许以任何理由或借口予以推托搪塞或敷衍，直至问题得到解决或给予了乘客明确的答复。首问责任人是接待乘客的第一位工作人员。首问负责制度有助于更全面地做好乘客服务工作，使服务意识深入人心，提高服务质量，以树立企业良好的对外形象。

2）首问责任人基本职责

（1）自己岗位职责、业务分工内的或能处理的事务，立即当场处理，给乘客满意答复。

（2）自己不能处理的事务，及时将该事项导办到相关人员手中。

（3）相关人员暂时不在岗，应代为接收，负责转办并跟进处理情况；责任无法明确区分或情况紧急、重大时，报相关领导并跟进处理情况。

（4）对来电、来人的联系方式、事务详情准确记录。

（5）热情接待，耐心倾听，热心导办，逐一解答，语言文明。急其所急、想其所想，尽心尽职为乘客排难解忧。

（四）服务人员的情绪调控

现代有轨电车服务的职业特殊性要求工作人员学会控制自身的情绪。情绪使生活多姿多彩，同时也影响我们的生活和行为。随着社会经济的发展，生活节奏加快，有轨电车服务人员的压力也越来越大，但作为服务人员，当出现不好地情绪时，不应随意发泄，必须学会控制和调节自己的负面情绪，使自己处于一种积极的状态中，享受生活、快乐工作。

知识窗

著名导演斯坦尼斯拉夫斯基曾经说过：“演员一走进化妆室，就应该像脱掉自己的大衣一样，把个人的忧愁烦恼全都抛在一边。”

1. 情绪与情绪管理的含义

情绪是指人们在内心活动过程中所产生的心理体验，情绪包括情绪体验、情绪行为、情绪唤醒和对刺激物的认知等复杂成分。最普遍情绪有喜、怒、哀、惊、恐、爱等。情绪一般可划分为正面（积极）情绪和负面（消极）情绪。

情绪管理，就是用正确的方式，探索自己的情绪，然后理解自己的情绪，调整自己的情绪，放松自己的情绪。简单地说，情绪管理是对个体和群体的情绪感知、控制、调节的过程，其核心必须将人本原理作为最重要的管理原理，使人性、人的情绪得到充分发展，人的价值得到充分体现；情绪管理也是从尊重人、依靠人、发展人、完善人出发，使人提高对情绪的自觉意识，控制情绪低潮，保持乐观心态，不断进行自我激励、自我完善。

情绪管理不是要去除或压制情绪，而是在觉察情绪后，调整情绪的表达方式。心理学家认为，情绪调节是个体管理和改变自己或他人情绪的过程。在这个过程中，人通过一定的策略和机制，使情绪在生理活动、主观体验、表情行为等方面发生一定的变化。虽然情绪有正面情绪和负面情绪，但真正的关键不在于情绪本身，而是情绪的表达方式。以适当的方式在适当的情境表达适当的情绪，就是健康的情绪管理之道。

情绪管理就是善于掌握自我，善于调制合体调节情绪，对生活中矛盾和事件引起的反应能适时适当地排解，能以乐观的态度、幽默的情趣及时地缓解紧张的心理状态。

2. 自我情绪的管理方法

1）心理暗示法

心理暗示，是指人接受外界或他人的愿望、观念、情绪、判断、态度影响的心理特点，是人们日常生活中最常见的心理现象。简单地说，就是个人通过语言、形象、想象等方式，对自身施加影响的心理过程。这个概念最初由法国医师库埃于1920年提出。心理学家巴普洛夫认为，暗示是人类最简单、最典型的条件反射。自我暗示分消极自我暗示与积极自我暗示。自我暗示会在不知不觉之中对自己的意志、心理以至生理状态产生影响。积极的自我暗示令人们保持好的心情和乐观的情绪、自信心，从而调动人的内在因素，使其发挥主观能动性。心理学上所讲的“皮格马利翁效应”也称期望效应，就是讲的积极的自我暗示。而消极的自我暗示会强化个性中的弱点，唤醒人们潜藏在心灵深处的自卑、怯懦、嫉妒等心理，从而影响情绪。

我们可以利用语言的指导和暗示作用，来调适和放松心理的紧张状态，使不良情绪得到缓解。心理学的实验表明，当个人静坐时，默默地说“勃然大怒”“暴跳如雷”“气死我了”等语句时心跳会加剧，呼吸也会加快，仿佛真的发起怒来。相反，如果默念“喜笑颜开”“兴高采烈”“把人乐坏了”之类的语句，那么他的心里也会产生一种乐滋滋的感觉。由此可见，言语活动既能唤起人们愉快的体验，也能唤起不愉快的体验；既能引起某种情绪反应，也能抑制某种情绪反应。因此，当我们在生活中遇到情绪问题时，应当充分利用语言的作用，用内部语言或书面语言对自身进行暗示，缓解不良情绪，保持心理平衡。比如默想或用笔在纸上写出下列词语：“冷静”“三思而后行”“制怒”“镇定”等。实践证明，这种暗示对人的不良情绪和行为有奇妙的影响和调控作用，既有助于松弛过分紧张的情绪，又可用来激励自己。

2）适度宣泄法

当遇有不良情绪时，最简单的解决方法就是宣泄。过分压抑会使人的情绪困扰加重，而适度宣泄则可以把不良情绪释放出来，从而使紧张情绪得以缓解。宣泄的方法因人而异，采取的形式一般有向至亲好友倾诉，这样一“吐”为快的同时，还可以获得劝解和安慰，心情也就平静下来；或是通过体育运动、劳动等方式来尽情发泄，在大汗淋漓之后获得情绪的释放；或是在合适的场合，大哭一场、大叫一番。但要注意，在采取宣泄法来调节自己的不良情绪时，必须增强自制力，不要随便发泄不满或者不愉快的情绪，要采取正确的方式，选择适当的场合和对象，以免引起不良后果。

3）注意力转移法

注意力转移法就是把注意力从不良情绪体验中转移到其他事物上去或是从事其他活动，从而达到心态平衡的自我调节方法。当出现忧伤、愤怒等负面情绪时，可以把注意力转移到自己感兴趣的事上去，如外出散步、看电影、读书、打球、下棋、找朋友聊天、换个环境等，有助于使情绪平静下来，在其他活动中寻找到新的快乐。这种方法，一方面中止了不良刺激源的作用，防止不良情绪的泛化、漫延；另一方面，通过参与新的活动特别是自己感兴趣的活动而达到增加积极的情绪体验的目的。

4）自我安慰法

当一个人遇到不幸或挫折时，为了避免精神上的痛苦或不安，可以找出一种合乎内心需要的理由来说明或辩解。如为失败找一个理由用以安慰自己，或寻找理由强调自己面对的事物都是好的，以此冲淡内心的不安与痛苦。这种方法，对于帮助人们在较大的挫折面前接受现实，保护自己，避免精神崩溃是有一定益处的。因此，当人们遇到情绪问题时，经常用“胜败乃兵家常事”“塞翁失马，焉知非福”“坏事变好事”等说法来进行自我安慰，这在一定程度上可以使人们摆脱烦恼，缓解矛盾冲突，消除焦虑、抑郁和失望，达到自我激励、总结经验、吸取教训的目的，有助于保持情绪的安宁和稳定。

5）交往调节法

某些不良情绪常常是由人际关系矛盾和人际交往障碍引起的。因此，当我们遇到不顺心、不如意的事，有了烦恼时，能主动地找亲朋好友、谈心，比一个人独处胡思乱想、自怨自艾要好得多。一方面，在情绪不稳定的时候，找人谈一谈，具有缓和、抚慰、稳定情绪的作用；另一方面，人际交往还有助于交流思想、沟通情感，增强自己战胜不良情绪的信心和勇气，使人能更理智地去对待不良情绪。

6）情绪升华法

人们常说“化悲愤为力量”，这句话就包含了升华的含义。情绪升华法就是以积极的信念暗示自己，挖掘自己的优点和长处，而不是把悲观沮丧、挫折感放大。例如贝多芬在双耳失聪的情况下，没有被命运击倒，而是迸发了心灵的激情，留下了不朽的乐章。在很多情况下，情绪升华能驱散忧郁、克服怯懦，使自己恢复乐观与自信。

情绪升华是对消极情绪的一种高水平的宣泄，是将消极情感引导到对人、对己、对社会都有利的方向去。

在上述方法都失效的情况下，仍不要灰心，在有条件的情况下，可以向心理咨询师进行咨询、倾诉，在心理咨询师的指导、帮助下克服不良情绪。

3. 健康情绪情感的培养

现代有轨电车服务人员要保持良好的情绪状态，不能被动地等待快乐降临，而是要始终保持一颗好奇心，发现并主动创造能使自己感到快乐的生活和事业。

首先，要注意保持适中的自我期望水平，根据自己实际情况来确定切实可行的奋斗目标，学会珍惜自己已经拥有的机遇和生活条件，把握每一次机会。

其次，对人对己多些鼓励，少些责备，宽容而不要过分苛刻。

再次，要培养良好的兴趣爱好。适宜的兴趣爱好能给人带来快乐，帮助让人放松身体，放松心情。

服务意识的培育，是一个长期且需要持续稳固的过程，因此现代有轨电车服务工作人员的服务意识的形成要依靠工作人员在实际工作中不断积累经验，关键要真诚地用心服务，并牢牢记住自己代表着现代有轨电车服务企业的形象，只有这样，才能在工作中培育并提高自己的服务意识，为乘客提供优质服务。

测一测

你是否拥有健康的情绪

下面是 30 道情绪自测题，每题有 A、B、C 三个选项，请你仔细阅读后诚实作答，每题只选一项。

测验题目

1. 看到自己最近一次拍摄的照片，你有何想法？
   A. 觉得不称心　　B. 觉得很好　　C. 觉得可以
2. 你是否想到若干年后会有什么使自己极为不安的事？
   A. 经常想到　　B. 从来没有想过　　C. 偶尔想到过
3. 你是否被朋友、同学或同事起过绰号、挖苦过？
   A. 这是常有的事　　B. 从来没有　　C. 偶尔有过
4. 你上床以后，是否经常再起来一次，检查门窗是否关好，水龙头是否拧紧等？
   A. 经常如此　　B. 从不如此　　C. 偶尔如此
5. 你对你关系最密切的人是否满意？
   A. 不满意　　B. 非常满意　　C. 基本满意
6. 半夜时，你是否经常觉得有什么值得害怕的事？
   A. 经常　　B. 从来没有　　C. 极少有这种情况
7. 你是否经常因梦见什么可怕的事而惊醒？
   A. 经常　　B. 从来没有　　C. 极少有这种情况
8. 你是否曾经有多次做同一个梦的情况？
   A. 有　　B. 没有　　C. 记不清
9. 有没有一种食物你吃后呕吐？
   A. 有　　B. 没有　　C. 记不清
10. 除去看见的世界外，你心里有没有另外一个世界？
   A. 有　　B. 没有　　C. 记不清
11. 你心里是否时常觉得你不是现在的父母所生？
   A. 时常　　B. 没有　　C. 偶尔有

12. 你是否曾经觉得有一个人爱你或者尊重你？

A. 是　B. 否　C. 说不清

13. 你是否常常觉得你的家人对你不好，但你又的确知道他们实际上对你很好？

A. 是　B. 否　C. 偶尔

14. 你是否觉得没有人十分了解你？

A. 是　B. 否　C. 说不清楚

15. 你在早晨起来的时候最经常的感觉是什么？

A. 忧郁　B. 快乐　C. 讲不清楚

16. 每到秋天，你经常的感觉是什么？

A. 秋雨霏霏或枯叶满地　B. 秋高气爽或艳阳天　C. 不清楚

17. 你在高处的时候，是否觉得站不稳？

A. 是　B. 否　C. 有时候是这样

18. 你平时是否觉得自己很强健？

A. 否　B. 是　C. 不清楚

19. 你是否一回家就立即把房门关上？

A. 是　B. 否　C. 不清楚

20. 你坐在小房间里把门关上后，是否觉得心里不安？

A. 是　B. 否　C. 偶尔是

21. 当一件事需要你做决定时，你是否觉得很难？

A. 是　B. 否　C. 偶尔是

22. 你是否常常通过抛硬币、翻纸牌、抽签之类的游戏来测凶吉？

A. 是　B. 否　C. 偶尔

23. 你是否常常因为碰到东西而跌倒？

A. 是　B. 否　C. 偶尔

24. 你是否需要很长时间才能入睡，或醒得比你希望的早很多？

A. 经常这样　B. 从不这样　C. 偶尔这样

25. 你是否曾看到、听到或感觉到别人觉察不到的东西？

A. 经常这样　B. 从不这样　C. 偶尔这样

26. 你是否觉得自己有超乎常人的能力？

A. 是　B. 否　C. 不清楚

27. 你是否觉得因有人跟着你走而心里不安？

A. 是　B. 否　C. 不清楚

28. 你是否觉得有人在注意你的言行？

A. 是　B. 否　C. 不清楚

29. 当你一个人走夜路时，是否觉得前面暗藏着危险？

A. 是　B. 否　C. 偶尔

30. 你对别人自杀有什么想法？

A. 可以理解　B. 不可思议　C. 不清楚

测评方法

以上各题的答案，选 A 得 2 分，选 B 得 0 分，选 C 得 1 分。请将你的得分进行统计，算出总分。

测评分析

总分 0～20 分，表明你情绪良好、自信心强，具有较强的美感、道德感和理智感。你有一定的社会活动能力，能理解周围的人们的心情，顾全大局。你是一个性情爽朗、受人欢迎的人。

总分 21～40 分，说明你情绪基本稳定，但较为深沉，对事情的考虑过于冷静，处事淡漠消极，不善于发挥自己的个性。你的自信心受到压抑，办事热情忽高忽低，易瞻前顾后，踌躇不前。

总分在 41 分以上，说明你情绪不佳，日常烦恼太多，使自己的心情处于紧张和矛盾之中。

如果你的得分在 50 分以上，则是一种危险信号，务必请咨询心理医生做进一步判断。

第四节　现代有轨电车客运服务中的心理效应

客运服务工作的对象是人，是成千上万的乘客，所以在客运服务工作中，研究乘客心理，把握乘客的心理活动规律十分重要。乘客的需求各异，呈现着各种各样千差万别的心理活动及其个性特征。掌握和应用心理学的一些基本知识，探索和研究乘客的心理活动及其变化发展规律，有助于加强现代有轨电车客运服务工作的主动性、针对性，使乘客高兴而来，满意而归，从而提高服务质量。

心理学既是一门理论学科，也是一门应用学科。应用心理学研究的各个分支内容在实际的工作中可以起到直接的作用。例如教师可以利用教育心理学的规律来改进自己的教学实践；广告从业者可以利用消费心理学的知识为企业提供优质的广告；企业管理层可以利用管理心理学的知识激励员工为企业做贡献。心理学理论同样可以在现代有轨电车客运服务工作中得到应用。

案　例

服务有技巧——把握乘客心理的重要性

在车站，每天都会有许多外地乘客到达，他们之中有一部分是首次乘坐地铁。面对这些乘客，地铁车站服务人员当然应该热情地提供服务，但如果不能把握乘客心理，效果可能适得其反。比如替乘客购票这一服务，在有些人看来这是热情帮助，他们往往会表示感谢。但同样的情况发生在另外一些人身上，他们可能反而产生“被侮辱”的感觉，心理上会产生“我难道连车票都不会买吗？”的感觉。所以，有时即使是做出同样的行为，在不同乘客身上可能会使其产生不同的心理反应。

思考：

1）该案例说明了什么？

2）乘务工作人员掌握乘客心理的作用是什么？

心理学是研究人的行为和心理活动规律的科学，是一门兼自然科学和社会科学性质的学科。同时它既是一门理论学科，也是一门应用学科。心理学主要包括理论心理学与应用心理学两大领域。

为了提高服务质量，把心理学规律在现代有轨电车服务过程中加以运用得到的成果，被称为现代有轨电车服务心理学。现代有轨电车服务心理学属于应用心理学的一个重要组成部分。

现代有轨电车客运服务人员是直接与乘客接触并为乘客服务的人，乘客对现代有轨电车客运服务的评价多数时候来源于客运人员的服务表现，同时这些评价也受到乘客许多心理的影响。所以掌握服务礼仪的心理效应对是非常重要的。

一、现代有轨电车客运服务中的首因效应

1. 首因效应的概念

首因效应亦称先入为主效应。首因，是指认知客体在脑中留下的“第一印象”。首因效应，是指个体在社会认知过程中，通过“第一印象”最先输入的信息对客体以后的认知产生的影响作用。

知识窗

第一印象的影响因素

第一印象的形成大约有 60%与对象的仪容仪表有关；大约有 30%与对象的声音有关，音色、音调、语气、语速、节奏都影响着第一印象的形成；大约有 10%与对象的言谈举止有关。

2. 首因效应的特征

首因效应，本质上是一种优先效应，当不同的信息结合在一起的时候，人们总是倾向重视最先获得的信息。即使人们同样重视了后面的信息，也会认为后面的信息是非本质的、偶然的。人们习惯于按照前面的信息解释后面的信息，即使后面的信息与前面的信息不一致，也会倾向屈从前面的信息，以形成整体一致的印象。

首因效应具有瞬时性。第一印象是在短时间内以片面性的信息为依据形成的印象，心理学研究发现，与某人初次会面，在 45 秒钟内就能够产生第一印象。这一最先的印象对他人的社会知觉产生较强的影响，并且在对方的头脑中形成并占据着主导地位。在快节奏的社会生活中，很少会有人愿意花更多的时间、精力去深入了解、一个留给他第一印象并不美好的人。

首因效应具有非理性。人们对一个人形成的印象是好是坏，往往不是出于理性判断，而是一种出于感觉。这种感觉是非理性的。尽管有的时候第一印象并不是完全准确，但第一印

象总会在人们做出决策时，在人的情感因素中起主导作用。

首因效应具有经验性。这就是说有过一次经历后，人们便倾向凭经验去揣测之后相似的经历。首因效应具有不可逆性，印象一旦形成，往往不容易被改变。

因此在客运服务中，我们可以利用这种效应，尽量给服务对象提供一个完美的第一印象，让首因效应发挥到最大。这就需要服务工作人员加强在谈吐、举止、修养、礼节等各方面的素质培养，不然则会导致负面的首因效应。

二、现代有轨电车客运服务中的近因效应

1. 近因效应的定义

近因效与首因效应相反，是指在多种刺激出现时，人们对印象的形成主要取决于后来出现的刺激，即交往过程中，我们对他人最近、最新的认识占据印象的主体地位，掩盖了以前形成的对他人的评价，因此近因效应也称为“新颖效应”。

2. 近因效应的实验

心理学家洛钦斯曾经做了一个的实验，分别向两组被测试者介绍一个人的性格特点。对甲组先介绍这个人的外倾特点，然后介绍内倾特点；对乙组则相反，先介绍内倾特点，后介绍外倾特点。最后分别对这两组被试者留下的印象进行考察，得到的结果印证了首因效应。洛钦斯把上述实验方式加以改变，在向两组被试者介绍完第一部分材料后，插入其他作业，如让被试者做一些数字演算、听历史故事之类不相干的事，之后再介绍第二部分材料。这一次实验结果表明，两组被试者都对第二部分材料留下的印象更深刻，近因效应明显。

3. 近因效应对现代有轨电车客运服务的影响

心理学的研究表明，在人际交往中，交往初期即彼此生疏的阶段，首因效应的影响重要；而在交往后期，即彼此已经相当熟悉的时期，近因效应的影响也同样重要。一般心理上开放、灵活的人容易受近因效应的影响；而心理上保持高度一致，具有稳定倾向的人，容易受首因效应的影响。

现代有轨电车客运服务中的负面近因效应，大多产生于有轨电车企业员工在服务中遇到与愿望相违背、愿望不遂的情况或感到自己受到委屈、善意被误解的时候，员工此时多处于激情状态。在激情状态下，人们对自己行为的控制能力和对周围事物的理解能力，都会有一定程度的降低，容易说出错话，做出错事，产生不良后果，形成负面近因效应。因此，在对乘客服务时，应注意礼仪，多加忍让，防止矛盾激化。

三、现代有轨电车客运服务中的晕轮效应

1. 晕轮效应的由来

晕轮效应最早由美国著名心理学家爱德华·桑戴克于 20 世纪 20 年代提出。他认为，人们对人的认知和判断往往只从局部出发，通过扩散而得出整体印象，也即常常以偏概全。一个人如果被标明是好的，他就会被一种积极肯定的光环笼罩，并被赋予一切都好的品质；如

果一个人被标明是坏的，他就被一种消极否定的光环所笼罩，并被认为具有各种坏品质。这种判断方式就好像月亮光扩散而形成月晕，因此桑戴克为这一心理现象起了一个恰如其分的名称——晕轮效应，也称作“光环作用”。

所谓晕轮效应，就是指在人际交往中，人身上表现出的某一方面的特征，掩盖了其他特征，从而造成人际认知的障碍，通俗地说就是以点概面。

小喇叭

晕轮效应与首因效应的区别和联系

区别：首因效应强调时间，由于前面的印象深刻，所以后面的印象往往成为前面印象的补充；而晕轮效应则强调内容，由于对对方的部分特征印象深刻，使这部分印象泛化成全部印象。

联系：由于首因效应，使得第一印象深刻，第一印象可以扩散形成晕轮效应；晕轮效应产生后，又可以强化第一印象。

2. 晕轮效应弊端

晕轮效应的最大弊端就在于使人以偏概全，其特征具体表现在以下三个方面。

1）遮掩性

有的时候，人们抓住的事物的个别特征并不反映事物的本质，但人们却仍习惯以个别推及一般、由部分推及整体，容易导致误推出其他特征。

2）表面性

晕轮效应往往产生于对某个人或某个事物的了解还不深入，也就是还处于感、知觉的阶段，因而人们容易受感觉的表面性、局部性和知觉的选择性的影响，从而对某人或事物形成的认知仅仅专注于一些外在特征上。

3）弥散性

对某人或事物的整体态度，还会连带影响到跟这个人或这个事物的具体特征有关的事物上。“爱屋及乌”这个成语就是晕轮效应弥散性的体现。

3. 客运服务如何克服晕轮效应的弊端

1）注意投射倾向

有些人总是从好的一面来认知别人，因为他本人就是一副好心肠。而有些人则总是以恶意来判断他人的行为，即使是好事，他也会认为是“别有用心”，这是因为他本人猜疑心重。这种把自己的某些心理特点附加给对方的现象，就是投射倾向。所以，服务工作人员在对乘客服务时，对乘客行为的评价一定要注意自己的投射倾向，应清醒、理智地经常进行自我反思，避免制造出晕轮效应，避免出现对乘客产生偏见。

2）注意留给乘客的第一印象

第一印象一旦形成，以后获得的所有信息常常只扮演补充和解释的角色，这就为晕轮效应的产生提供了机会。因此，注重服务过程、重视服务礼仪，尽可能给乘客留下良好的现代有轨电车服务第一印象非常重要。

3）注意刻板印象

刻板印象就是所谓的类化作用，即人们倾向按照预想的类型将他人分为不同种类，然后贴上标签的现象。比如，人们提起教师往往想到“文质彬彬”，说到商人，常和“唯利是图”挂钩，等等。刻板印象，往往最初是对某一种类型人普遍特征的归类，这是一种简单的认识，虽然有利于对某一群人做出概括性的了解，但也很容易导致认知偏差的产生。在现代有轨电车服务中，不但要克服一些乘客的“服务人员素质参差不齐”“服务冷漠、傲慢”的刻板印象，还要通过我们有礼的服务，让乘客体会到现代有轨电车服务的热情、礼貌、专业，从而形成良性的、好的固有印象。

4）利用乘客“以貌取人”的心理提高服务质量

在一项心理学实验中，发现当人们被要求在一大堆他们不认识的照片中分别找出“好人”与“罪犯”时，他们总会受到外貌晕轮效应的影响，即表现出按外貌分类的倾向。苏联心理学家鲍达列夫曾对 72 人进行调查，以了解他们是怎样理解人的外貌的。其中有 9 人认为方方的下巴是意志坚强的标志，宽大的前额是智慧的标志，3 人认为粗硬的头发表示倔强的性格，14 人认为人胖表示心地善良，2 人认为肥厚的嘴唇是憨厚朴实的标志，等等。尽管调查中展现的这种“由表及里”的推断，含有很大的偏见成分，但大多数人确实存在这样的心理倾向。为此，在服务过程中，服务人员一定要重视仪容、仪表，重视自身形象。

晕轮效应不仅常常表现在“以貌取人”上，而且还常常表现在以服装定位性格，以初次言谈举止定位人的才能与品德等。在对不太熟悉的人进行评价时，这种效应体现得尤其明显。所以，对服务礼仪知识的掌握和灵活运用能够更有效地避免乘客对现代有轨电车运营服务形成不良的晕轮效应。

第五节　乘客的需要与轨道交通服务

现代有轨电车服务的本质就是满足乘客的各种需要，这是服务的起点，也是服务的最高境界。乘客需要是人的一般需要在消费活动过程中的一种反映。我们可以将乘客的需要进行进一步深入分析，提高服务质量。

案　例

体察乘客需要

小陈是武汉铁路局一名高铁乘务员。她通过细致观察使得乘务服务灵活而又人性化，并一次次通过自己及时而又贴心的服务赢得了乘客的赞赏。她不仅用耳朵等待乘客呼叫，而且用心留意乘客需要。

有一次，在寒冷的冬天，小陈看见一名怀抱婴儿的乘客拖着沉重的行李箱上车，孩子在乘客怀里哇哇大哭，她立刻上前帮助该乘客提拿行李并且将该名乘客送到座位上，将行李放在指定位置。安排好入座后，她立即为乘客送上一杯温水，并且询问是否还需要其他帮助。

这样的例子还有很多，小陈就是这样始终关注每一位旅客，体察旅客需要，及时提供必要服务，用一点一滴的小事来打动旅客的心。

现代有轨电车工作人员工作就是为乘客提供服务，而在乘车的过程中，不同乘客有不同的需要，只有体察乘客乘车需要才能更好地进行服务。

一、需要的含义

需要是个体在日常生活中，感到某种欠缺而力求获得满足的一种内心状态，它是个体自身或外部生活条件的要求在脑中的反映。需要的形式和内容主要取决于所需对象的存在。当给予、改变或剥夺对象时，需要会发生相应变化，或因满足而消失，或因缺少而增强。

知识窗

心理学家马斯洛认为，人是一种不断需求的动物，除短暂的时间外，极少达到完全满足的状况，一个欲望满足后，往往又会迅速地被另一个欲望所占领。

二、需要层次理论

美国心理学家马斯洛认为，人类的需要是分层次的，由低级到高级呈金字塔形状依次排列。它们分别是：生理需要、安全需要、社交需要、尊重需要、自我实现需要。如图 6-2 所示。

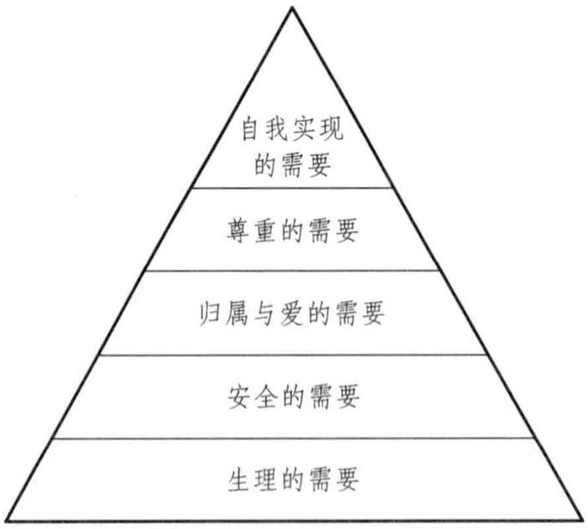

图 6-2　马斯洛的需要层次理论

1. 生理需要

生理需要是人类为了维持生命最基本的需要，也是需要层次的基础。若衣食住行、空气和水等都得不到满足，人类的生存就成了问题。马斯洛认为，当这些需要还未达到足以维持人们生命之时，其他需要将不能激励他们。他说：“一个人如果同时缺少食物、安全、爱情及价值等，则其最强烈渴求当推对食物的要求。”

2. 安全需要

当一个人的生理需要得到一定满足之后，他就想满足安全的需要，即不仅考虑到眼前，而且考虑到今后，考虑自己的身体免遭危险，考虑已获得的基本生理需要及其他的一切不再丧失和被剥夺。例如：要求摆脱失业的威胁，要求在生病及年老之时能够有生活保障，要求工作安全并免除职业病的危害，希望接触严格的监督并得到公正的待遇，希望得到干净和有秩序的外部环境，希望免除战争和意外的灾害，等等。

3. 社交需要

当生理需要和安全需要得到相当的满足后，社交需要便占主导地位。人类是有感情的社交动物，渴望与他人交往，渴望避免孤独感，希望与他人相处和睦、关系融洽，希望归属于一个团体以得到他人的关心和爱护、得到友谊和忠诚。社交需要比生理需要和安全需要更细致，个体差异性也较大，它和一个人的性格、经历、教育、信仰都有关系。

4. 尊重需要

当一个人开始满足归属感的需要，即社交需要以后，他通常不再满足于只做群体中的一员，而是开始追求自尊和受人尊重，即追求尊重需要的满足。尊重需要可以分为两个方面：第一，内部尊重需要，即希望自己有实力，能胜任，能独立自主；对知识、能力和成就充满自豪感和自尊心。第二，外部尊重需要，即希望别人尊重自己的人格和劳动，对自己的人品、工作、能力以及才干给予承认并予以公正的评价；希望自己在人际关系中有较高的声誉、地位和威望，从而得到他人的尊重并发挥一定的影响力。

5. 自我实现的需要

这是人类最高层次的需要，当尊重要求需要得到满足以后，自我实现需要就成为第一需要。自我实现需要就是实现个人的理想和抱负，最大限度地发挥个人的潜力并获得成就，实现自我价值。它是一种“希望能成就独特性的自我欲望，希望能成就其本人所希望成就的愿望”。这种需要往往是通过胜任感和成就感来获得满足的。

思考讨论：根据马斯洛需要层析理论，分析以下《西游记》中主要角色分别表现出哪种需要？为什么？

① 唐僧：____________；② 孙悟空：____________；③ 猪八戒：____________；④ 沙僧：____________；⑤ 白龙马：____________。

马斯洛认为，在人的心理发展工程中，五个层次的需要是逐步上升的，具有递进的规律性。一般地说，当低级的需要得到满足以后，就失去了对行为的刺激作用，这时追求更高一级的需要就成为驱使行为的动力。

知识窗

马斯洛简介

马斯洛是美国著名社会心理学家，第三代心理学的开创者，提出了融合精神分析心理学和行为主义心理学的人本主义心理学。他的主要成就包括提出了人本主义心理学、马斯洛需求层次理论，代表作品有《动机和人格》《存在心理学探索》《人性能达到的境界》等。

三、用需要层次理论解析乘客的需要

根据马斯洛的需要层次理论，可以简要分析现代有轨电车乘客的需要，如表 6-1 所示。

表 6-1　现代有轨电车乘客的需要

需要层次	乘客需求
生理需要	有合适的温度、湿度，舒适的座椅，卫生干净整洁的环境，清新的空气等
安全需要	司机有一流的技术；应急设备齐全，设备维护良好；工作人员受过严格应急训练，具有应变能力和处置能力；人身、财产等安全
社交需要	工作人员与乘客之间建立良好的关系，乘客之间创造出和谐的气氛，乘客有归属感
尊重需要	工作人员对乘客称呼得体，符合乘客身份
自我实现需要	工作人员认真听取乘客意见，满足乘客提出的要求；要有个性化的服务

四、一般乘客的心理需要

乘客乘车的心理活动，贯穿了从他产生乘车的需要开始到他到达目的地结束乘车为止的整个过程。一般乘客的心理需要是指乘客在乘车的过程中从开始买票到乘车结束，经过各个环节、遇到各种情况时，所具有的相同的心理活动。一般来说，人们在出门乘车时，首先要考虑选择乘坐何种交通工具，一般乘客的心理主要表现为对交通工具的安全、经济、快速、便捷等方面进行比较，然后再对舒适程度、服务质量等方面进行比较，从而分析哪种交通工具乘车条件优越，最后选定交通工具。乘客在乘车中的共性心理，是相当复杂的。下面对乘客心理需要进行分析。

1. 乘客的安全心理需要

乘客乘车最根本的需要就是对乘车安全的需要，它包括人身安全和物品安全两方面。为保证乘车安全，乘客常综合考虑自然环境状况、社会治安情况和运输工具的安全性等内容，再做出是否乘车的决定。人们之间的嘱咐与叮咛“请多保重”“一路平安”等，都表达着人们对安全需要的重视，代表着出门乘车者最普通、最基本的共性心理要求。

在客运服务过程中，努力实现乘客乘车安全心理要求，这是所有客运服务人员的首要工作。这要求运输部门加强对社会、车站和车厢内的治安管理，从技术设备上提高运输载体的安全性，从安全管理上提高现代有轨电车客运服务人员对不安全因素的预测和及时处理各类情况的能力。

2. 乘客的顺畅心理需要

送亲友出门乘车时，除了祝福“一路平安”外，人们常说的另一句话是“一路顺风”，这讲的是乘车中的顺利、愉快问题，这也是出门乘车者的一个共性心理需要：乘客投币或刷卡乘车时，人虽然较多，但能够顺利上车并能找到座位；电车在运行途中，因某些原因，如意外运行事故等而耽搁时，电车能正点到达；准备换车时，有充裕的时间赶上换乘的交通工具；等等。这些都是乘客出门乘车的顺畅心理要求。要满足每位乘客的顺畅心理要求，做到时时顺畅、事事顺畅是不太现实的。但是，从乘客客运服务管理角度，应尽最大的努力满足乘客的需要。在为满足乘客需要而做工作的同时，还要做好宣传工作。对乘客要有良好的服务态度，遇到不能满足乘客要求的事情，要耐心解释，使乘客明白为什么需求没有得到满足。在乘客乘车的过程中，由于现代有轨电车客运部门的原因而发生的延误，影响到乘客乘车的顺利进行，乘客有权了解发生原因，服务工作人员必须把事情的原委通告给乘客，让乘客心里有数，使其能够对自己下一步的行为预先进行计划。

3. 乘客对快捷心理需要

随着社会的发展，人们的时间观念发生了重大的变化，快捷成为乘客的一个主要要求。要求交通工具能快捷省时，是乘客在乘车过程中最常见、最普遍的心理现象。

乘客的快捷心理需要，一方面体现在希望交通工具省时方面。乘客都希望以最快的速度到达目的地，尽量缩短时空距离。多数人认为花在路途上的时间基本是无意义的，时间过长会让人感觉枯燥乏味，且容易引起疲劳。特别是在快节奏的现代生活中，在交通上耗费过多时间，实质上是增加乘客的交通成本，降低时间效益。所以，缩短乘车时间，迅速到达目的地，节约时间的同时减少乘车疲劳，是乘客的普遍心理需求。另一方面体现在希望交通工具准时方面。准时运行是交通部门最基本的工作规范和行业要求。不准时将会耽误乘客的行程、浪费乘客的时间并打乱其旅途安排，从而使乘客蒙受各方面的损失。因此，现代有轨电车运营企业要加强准时运行的观念，做好全局统筹调度工作，提供快捷准时的交通服务，防止晚点情况的发生，最大限度地满足乘客省时、准时的快捷心理需要。

4. 乘客的方便心理需要

乘客的方便心理需要表现在希望购票、进出站、上下车以及中转乘车等方面。“方便”要求减少乘车过程中的各种中间环节，从而达到“便捷”的目的。乘客出门乘车，希望处处能够方便，这是一种很普遍的共性心理。为了适应乘客的方便心理，需要采取一些措施：乘客进、出站妥善安排检票口和检票人员；站内通道设置引导牌；及时通告到站站名；等等。从质量上，乘客希望运输服务部门提高办事效率，简化手续，改善服务态度等。满足乘客的方便心理要求，其要点是使乘客感到处处、事事、时时方便，节省时间，事情能够顺利办成。

5. 乘客的经济心理需要

乘客的经济心理表现在其对乘车需要的满足程度与所付出的费用和时间进行比较，希望在一定的需要满足程度之下，所付出的费用和时间最少。乘客在乘车中对经济性的考虑，一般会将两个因素结合在一起：一是费用的多少；二是由谁承担费用，是自己还是他人。

6. 乘客对舒适心理需要

随着经济的发展与人们生活水平的提高，乘客对乘车的舒适性日渐看重，对乘车环境、文化娱乐、饮食、休息睡眠等内容的要求相应提高。这种需要的强度和水平受多种因素影响，乘车时间、车厢环境、车厢服务等都是重要因素。为了让乘客在旅途中轻松愉快，减轻劳累感，并能在肌体上得到休息与恢复，保持愉快的心境，舒适的交通工具和热情周到的服务就显得尤为重要。

为此，现代有轨电车运营企业首先应配置先进的交通工具，保证乘客乘车舒适愉快。其次要设立更加完备的服务设施，让乘客有一个舒适方便的乘车环境，如在车站、车上配置视听设备，以减轻乘客旅途的无聊寂寞感。最后还应注意提供热情周到的礼貌服务，交通服务部门应加强对驾驶员、乘务员等工作人员的服务意识要求，使其树立以乘客为中心的服务观念，热情待客。

7. 乘客对安静心理需要

乘客出门乘车，离开家或工作场所来到车站，与其他乘客共同乘车，一直处于活动状态中。在嘈杂的环境中，人员尽量保持安宁、减少喧哗，是大多数乘客的共同心理要求，尤其是在人较多的候车室和车厢内，这种要求更为迫切。

要营造乘车中的安静环境，一方面乘客本身要约束自己不要大声说话、高谈阔论、来回走动等，另一方面客运服务人员有责任加强对乘车环境的管理，要及时制止不利于安静的事件，避免乘客大声喧哗、吵闹，更要避免与乘客发生口角、争吵，影响乘客休息。

一个井然有序的环境，可以使人心平气和，心情平静。因此，要加强对环境有序性的管理，这种有序性包括两个方面：一是物的有序性，二是人的有序性。另外，保持站、车公共场所的清洁卫生也是有序性的一种表现。清洁、卫生的环境使人心里愉快，心情平静；脏、乱、异味弥漫的乘车环境，会使人心里烦躁、心情郁闷而不能平静。

五、特殊乘客的心理需要

特殊乘客是指在乘车过程中，由于各种各样的原因，需要得到特殊服务与关注的乘客，主要包括初次乘车乘客、病残乘客、老年乘客、儿童乘客、孕妇乘客、外籍乘客等。这些特殊乘客有着特殊身体条件或身份特征，需要现代有轨电车服务工作人员提供特殊性的服务才能更好地完成出行。

1. 初次乘车的乘客服务需要

初次乘车乘客是指第一次乘坐现代有轨电车出行的乘客。初次乘车的乘客对现代有轨电车设备及环境都不熟悉，会有紧张、好奇等复杂心理，为了解决初次乘车乘客的慌乱和困窘，现代有轨电车工作人员需要热情、主动、耐心地给予解释说明和引导等服务，避免乘客感到不必要的内疚和尴尬。

2. 病残乘客的服务需要

病、残乘客，是指在乘车过程中发病的乘客及生理存在一些缺陷的乘客。一般来说，这类乘客在行动上有特殊困难，较常人自理能力差，在乘车出行中可能不能较好照顾自己，身体上和精神上需要他人的帮助与照料。但是他们自尊心强，部分也存在一定的自卑感，可能不愿主动寻求服务人员的帮助。因此，现代有轨电车服务人员应该把握病、残乘客的心理，理解他们的心理需求和生理需求，尊重他们，注意交谈时的用语（在与他人交谈中最好称他们为“行动不便的乘客”），在服务过程中要懂得保护他们的自尊心，可以选择悄悄地提供帮助，让他们感受到舒服和温暖。

3. 老年乘客的服务需要

通常老年乘客身体相对虚弱，动作较缓慢，应变能力较差，需要现代有轨电车服务人员给予适当的照料。而部分老年乘客会有心境寂寞，孤独感逐年增加，内心渴望别人的关心和帮助的心理。因此，为老年乘客服务时需要更加细致体贴，沟通时语速要慢，音量略大，要经常主动关心询问，洞察他们的需要，尽量消除他们的孤独感。到站时，要注意提醒乘客带好随身物品，主动搀扶老人下车，给予及时的个性化服务。

4. 儿童乘客的服务需要

儿童乘客是指开始乘车之日未满 12 周岁的儿童。一般来说，儿童乘客好奇心强、善于模仿但独立性不足，判断能力较差，通常需要服务工作人员提供更多关怀与照顾。

儿童乘客可以分为有陪伴儿童和无陪伴儿童。无陪伴儿童是指无成人陪伴、单独乘车的儿童。对无陪伴儿童最好派专门的乘务员负责照看，防止不安全情况发生。对有陪伴的儿童，服务工作人员要帮助儿童的家长或是陪同人员提拿随身携带的物品，叮嘱其家长和陪同人员照看好幼儿，有需要及时呼叫服务人员。

5. 怀孕乘客的服务需要

通常怀孕乘客行动不便，现代有轨电车服务工作人员应该主动帮助孕妇提拿、安放随身携带物品。如遇到孕妇分娩，乘务员应参照紧急处理方案有关内容采取措施，同时报告车长采取相应措施。

6. 外籍乘客的服务需要

随着国际化的发展，在现代有轨电车客运服务中，国际乘客的数量也越来越多。对待外籍乘客，要注意服务人员的一言一行都会影响到国家的形象，服务人员要尊重外国乘客的行为习惯、文化风俗以及信仰等，做到不卑不亢、热情周到、态度友善。

满足乘客的多种需求是现代有轨电车服务工作的核心，是关系到服务质量的重要因素之一。无论是一般旅客的需要，还是特殊旅客的需要，作为现代有轨电车客运人员都应该了解分析其心理真正的需求，从而竭尽全力地为他们提供最优质的服务。

第六节　气质与现代有轨电车服务

乘客来自不同的地区或国家，不同的民族，有着不同的家庭和教育背景，了解乘客的气质差异，对乘客的行为方式和心理特征进行分析，从而掌握乘客的情绪和心理变化，能使现代有轨电车服务更加个性化。

案　例

看话剧

有四位同学看话剧迟到了，他们的表现各不相同：

同学 A——因为检票员不让进去，只好在门口站着等第一场结束后幕间休息时再进去；

同学 B——面红耳赤地与检票员争吵起来，企图推开检票员，径自跑到自己的座位上去，并且还会埋怨说，剧院时钟走得太快了；

同学 C——对此情景感叹自己老是不走运，偶尔来一次剧院，就这样倒霉，接着就垂头丧气地回家了；

同学 D——明白检票员不会放人进去，但不与检票员发生争吵，而是悄悄跑到楼上另寻一个地方看话剧表演。

想一想：如果是你的话，你会怎么办？

一、气质的含义

根据心理学理论，气质是指个人心理活动的稳定的、典型的动力特征。心理活动的动力特征主要指心理过程的速度和稳定性、心理过程的强度以及心理活动的指向性等方面的特点。气质是人的高级心理活动类型的心理表现，“性情”“脾气”“禀性”是气质的通俗说法。

部分心理学理论认为，人的气质是先天形成的，受神经系统活动过程的特性所制约。气质无好坏之分，它只给人们的言行举止附上某种色彩，但不能决定人的社会价值，也不直接具有社会道德评价含义。气质具有可塑性，在环境和教育的影响下，气质会发生缓慢的变化。

二、气质的类型

古希腊医生希波克拉底可能是最早提出气质概念的人。他在长期的医学实践中观察到人有不同的气质。他认为气质的不同是由于人体内不同的体液决定的。根据前人的理论及自己的观察，他设想人体内有血液、黏液、黄胆汁、黑胆汁四种液体，并根据这些液体混合比例中哪一种更占有优势，把人分为不同的气质类型，提出“四体液学说”。

他认为体内血液占优势属于多血质，黄胆汁占优势属于胆汁质，黏液占优势属于黏液质，黑胆汁占优势属于抑郁质。可见，他把人的气质分为多血质、胆汁质、黏液质、抑郁质这四种类型。这种分类方法从现代医学角度来看合理性有待讨论，但可在一定程度上为理解人们的气质、性格提供一些参考。

1. 胆汁质

从神经学上说，胆汁质气质类型的人其高级神经活动过程强、不平衡、不灵活，即具有强烈的兴奋过程和比较弱的抑制过程，而且在兴奋过程和抑制过程两者之间的转化不灵活。这类人的特点是精力旺盛，情感和言语动作的发生强烈且难以控制；在思维方面灵活但粗枝大叶；勇敢果断但易感情用事；为人热情直率、朴实真诚、表里如一，行动敏捷、生气勃勃、刚毅顽强；但争强好斗，鲁莽冒失。一般来说，胆汁质的人大多是热情而且性急的人。在文学作品中，较为典型的胆汁质特点的人物代表是《水浒传》中的李逵、《三国演义》中的张飞。

2. 多血质

多血质气质类型的人其高级神经活动过程强、平衡且灵活，即神经过程平衡且灵活性高，在兴奋过程和抑制过程两者之间的转化灵活。多血质又称活动型，属于敏捷好动的类型。这类人反应迅速，有朝气，活泼好动，行动敏捷，感情丰富、外露但不稳定，思维敏捷但不求甚解，热情大方、善于交往但交情浅薄，适应力强；他们的弱点是缺乏耐心和毅力，稳定性差，易见异思迁。《红楼梦》中的王熙凤、《三国演义》中的曹操就具有多血质的特点。

3. 黏液质

黏液质气质类型的人其高级神经活动过程强、平衡、不灵活，即神经过程平静而灵活性不高，在兴奋过程和抑制过程两者之间的转化不灵活。这类人情感反应慢而持久，且不外露，表情平淡，动作迟缓，情绪平稳，思维灵活性略差，但考虑问题细致而周到，安静稳重、踏踏实实、沉默寡言、喜欢沉思，自制力强、耐受力高、内刚外柔，交往适度、交情深厚。这类气质的人的弱点是行为主动性较差，缺乏生气，行动迟缓。比如《水浒传》中的林冲、《西游记》中的沙和尚就具有黏液质的特点。

4. 抑郁质

抑郁质气质类型的人其高级神经活动过程弱、不平衡且不灵活。这类人思维敏锐，多疑，感情比较脆弱，情绪体验深刻、细腻持久，情感体验丰富而不外露，反应速度慢。他们抑郁且多愁善感、想象丰富，不善交际、孤僻离群，踏实稳重、自制力强。他们的行为举止缓慢，软弱胆小，优柔寡断。典型代表人物是《红楼梦》中的林黛玉。

三、乘客的气质差异与客运服务技巧

服务工作人员应当了解和掌握乘客的气质特征，使服务工作做到有的放矢，从而提高服务质量。

1. 胆汁质乘客特征与服务技巧

胆汁质乘客最大的特征是情绪易激动，脾气暴躁，难以自制；在与人交流中，这类乘客一般语速较快，声音洪亮，常会伴有肢体语言，内心表露于外，好争论，很急躁，碰到问题容易发火，一旦被激怒，就不容易平静下来。例如在电车运行中由于突发状况延误较长时间的情况下，这类乘客会比较激动，容易与工作人员发生争吵，甚至发生过激行为。

因此，在服务此类乘客时，要有问必答，同时一定要注意服务态度和情绪控制。当此类乘客对服务提出投诉时，要及时适当地解决。不要激怒对方，一旦发生冲突，服务人员应耐心地解释和道歉，避其锋芒。

2. 多血质乘客特征与服务技巧

多血质的乘客通常活泼好动，大方热情，善于交际，思维灵敏，环境适应力强，为他们服务时要注意交流的互动性。此外，他们的情绪一般明显外露，情绪发生快而且多变，注意力容易转移。因此在为他们提供服务时，要主动表现出乐于相知相助，以此赢得乘客好感。

3. 黏液质乘客特征与服务技巧

黏液质的乘客，一般表现为沉着稳重，少言寡语，动作缓慢，善于克制和忍耐，慎重细致，缺乏灵活性，易固执己见。如遇到火车晚点时，这类乘客一般会选择接受现实，耐心等待，表现安静。服务人员往往猜不透他们想要什么，需要什么。

正因如此，现代有轨电车服务人员应注意严格按照服务的流程和标准进行服务，适当关心，切勿过度打扰，要注意服务细节，主动为乘客提供周到而且专业的服务，从而达到他们的期望。

4. 抑郁质乘客特征与服务技巧

抑郁质乘客情绪兴奋性低，敏感细腻，易多愁善感，不善交往，喜欢独处，孤僻寡欢，情绪感受深刻，但很少外露。他们常常显得腼腆、不合群、迟疑不决。同样遇到电车晚点等特殊情况时，抑郁质的乘客也会接受现实但会因此情绪大受影响，感到沮丧，心神不安，闷闷不乐。

现代有轨电车客运人员在为此类乘客提供服务时，要能够注意到他们的情绪变化，服务中要表现出对他们的尊重、友善，以免引起误会和猜忌。

这四种气质类型虽有一定的代表性，但实际上人的气质表现往往复杂多样。一般来说，人通常不是仅具有一种气质类型特点，而是会同时具有多重基本类型特点，这种类型称为“混合型”或是“中间型”。

测一测

心理量表：你是哪种气质类型的人

下面是有关气质类型的60道问答题，可以帮助你大致确定自己的气质类型。答案没有对错之分，请根据你的真实想法作答。

在回答这些问题时，请用以下选项代表自己的想法：

A. 很符合自己情况的　　B. 比较符合的　　C. 介于符合与不符合之间

D. 比较不符合的　　E. 完全不符合的

测评内容

1. 做事力求稳妥，不做无把握的事。
2. 遇到可气的事就怒不可遏，想把心里话全说出来才痛快。
3. 宁可一个人干事，不愿很多人在一起。
4. 到一个新环境下很快就能适应。
5. 厌恶那些强烈的刺激，如尖叫，噪音、危险的情景等。
6. 和人争吵时，总是先发制人，喜欢挑衅别人。
7. 喜欢安静的环境。
8. 善于和人交往。
9. 羡慕那种善于克制自己感情的人。
10. 生活有规律，很少不规律作息。
11. 在多数情况下情绪是乐观的。
12. 碰到陌生人觉得很拘束。
13. 遇到令人气愤的事，能很好地自我克制。
14. 做事总是有旺盛的精力。
15. 遇到问题常常举棋不定、优柔寡断。
16. 在人群中不觉得过分拘束。
17. 情绪高昂时，觉得干什么都有趣，情绪低落时，又觉得干什么都没有意思。
18. 当注意力集中于一事物时，别的事很难使我分心。
19. 理解问题总比别人快。
20. 碰到危险情景，常有一种极度恐惧感。
21. 对学习、工作、事业怀有很高的热情。
22. 能够很长时间做枯燥、单调的工作。
23. 符合兴趣的事情，干起来劲头十足，否则就不想干。
24. 一点小事就能引起情绪波动。
25. 讨厌那种需要耐心、细致的工作。
26. 与人交往不卑不亢。
27. 喜欢参加热烈的活动。
28. 爱看描写感情细腻、描写人物内心活动的文学作品。
29. 工作学习时间长了，常感到厌倦。
30. 不喜欢长时间讨论一个问题，愿意实际动手干。
31. 宁愿侃侃而谈，不愿窃窃私语。
32. 别人说我总是闷闷不乐。
33. 理解问题常比别人慢。
34. 疲倦时只要短暂的休息就能精神抖擞，重新投入工作。
35. 心里有话宁愿自己想，不愿说出来。
36. 认准一个目标就希望尽快实现，不达目的，誓不罢休。
37. 学习、工作同样长的段时间后，常比别人更厌倦。

38. 做事有些莽撞，常常不考虑后果。
39. 老师或他人讲授新知识、技术时，总希望他讲慢些，多重复几遍。
40. 能够很快地忘记那些不愉快的事情。
41. 做作业或完成一件事情，总比别人花的时间多。
42. 喜欢运动量大的剧烈体育运动，或参加各种文艺活动。
43. 不能很快地把注意力从一件事转移到另一件事上去。
44. 接受一个任务后，就希望把它迅速解决。
45. 认为墨守成规比冒风险要强一些。
46. 能够同时注意几件事物。
47. 当我烦闷的时候，别人很难使我高兴。
48. 爱看情节起伏跌宕、激动人心的小说。
49. 对工作抱认真严谨、始终一贯的态度。
50. 和周围人的关系总是不好。
51. 喜欢学习学过的知识，重复做自己已掌握的工作。
52. 希望做变化大、花样多的工作。
53. 小时候会背的诗歌，我似乎比别人记得清楚。
54. 别人说我“出语伤人”，可我并不觉得这样。
55. 在体育活动中，常因反应慢而落后。
56. 反应敏捷、头脑机智。
57. 喜欢有条理而不甚麻烦的工作。
58. 兴奋的事常使我失眠。
59. 老师讲新概念，常常听不懂，但是弄懂了以后就难忘记。
60. 假如工作枯燥乏味，马上就会情绪低落。

测评方法

A. 记 2 分　　B. 记 1 分　　C. 记 0 分　　D. 记-1 分　　E. 记-2 分

胆汁质	题号	2	6	9	14	17	21	27	31	36	38	42	48	50	54	58
	得分															
多血质	题号	4	8	11	16	19	23	25	29	34	40	44	46	52	56	60
	得分															
黏液质	题号	1	7	10	13	18	22	26	30	33	39	43	45	49	55	57
	得分															
抑郁质	题号	3	5	12	15	20	24	28	32	35	37	41	47	51	53	59
	得分															
结果	你的气质是															

测评分析

如果某种气质类型的得分数均高于其他三种气质得分数 4 分及以上，则可认定被测者属于该气质类型的人。此外，该气质类型的得分数超过 20 分，则为典型型；如果得分为 10 ~ 20 分，为一般型。

若两种气质的得分数差异小于 3，同时明显高于其他两种达 4 分以上，可判定被测者为两种气质类型的混合型；

如果三种类型的得分高于第四种而且很接近，则被测者为三种气质型的混合型。

拓展阅读

客运人员如何缓解工作压力

客运行业激烈的竞争，安全责任的重大，使得行业从业者负有很大的工作压力。虽说每个人都有一定的压力，适当的压力能使人挑战自我、发挥潜力，富有效率和创造力，但是每个人承受压力的能力是有限的，如果长期承受较大的工作压力，不但会影响身心健康和工作效率，甚至会使人出现性情的变化和偏激的行为，这值得每一位从业者重视。

一、工作压力的含义

现代有轨电车服务人员的工作压力是指因工作负担过重、变换岗位、工作责任过大或改变等对人产生的压力。工作压力来源于两部分：一是自身的压力，很多人为了自己的发展给自己制定了短期或长期的目标，要求自己达到，给自己加压；二是来自企业的要求。

二、缓解工作压力的方法

现代有轨电车服务人员缓解工作压力的方法大致有以下几种：

1. 适当休息放松

休息一下，呼吸一下新鲜空气。一天中多进行几次短暂的休息，做深呼吸，呼吸一下新鲜空气，可以使人放松大脑，防止压力情绪的形成，不应放任压力情绪的发展。

2. 主动释放压力

当我们感到压力太大的时候，应当主动寻找正确的途径去释放压力。可以找朋友、同学、亲人或者陌生人诉说，通过倾诉把内心的郁闷和压力释放出来。

如果不愿意向别人诉说，还可以通过转移注意力的方法来缓解压力，即把思想暂时转换到别的地方，多参加一些自己喜欢的活动，例如打球、唱歌、写作、绘画等，增加自己的兴趣爱好，调整自己的情绪，以豁达的心情面对现实。

3. 重新分析评价

其实生活中的很多压力都是自己带给自己的，也许只是别人无意的言语、无意的行为、无意的眼神，却被自己太敏感的神经思想曲解，从而给自己带来了不必要的心理压力。站在对方的立场去思考问题，深入地思考对方的想法，重新梳理事情的起因，分析自己的心理变化和压力来源，说不定就会豁然开朗。

在工作和生活中，当需求与现实产生矛盾时，必须要有取舍，不能将期望值设定太高而盲目追求，急躁从事，在困惑时可以暂时避开矛盾，待心平气和时再思考，不要钻牛角尖，更不要过于苛责自己。

4. 正确看待压力

我们应当加强意志和魄力训练，不断培养自己不畏困难、敢于拼搏的精神。也不要惧怕压力，有时适度压力反而是进步的原动力，正是有了压力才会使人工作起来充满了干劲。化消极回避为积极运用，压力反而能成为成功的“特效药”。

总而言之，只有合理地认知、适当地缓解工作中的压力，才能更好地在社会、生活、工作中找回真实的自己，从而充分发挥才能和对社会的作用。

参考文献

[1] 董正秀．铁路运输服务礼仪[M]．北京：中国铁道出版社，2013.

[2] 郑建杭，文丽．城市轨道交通服务礼仪[M]．重庆：重庆大学出版社，2015.

[3] 许争艳，丛丛．城市轨道交通服务礼仪[M]．成都：西南交通大学出版社，2015.

[4] 杨治东，王桂琴．城市轨道交通服务礼仪[M]．上海：上海交通大学出版社，2016.

[5] 向莉，岳继勇．民航服务心理学[M]．北京：科学出版社，2013.

[6] 邱优辉，郝芳，刘慧．民航服务心理学[M]．北京：航空工业出版社，2016.

[7] 葛静．轨道交通服务礼仪[M]．成都：西南交通大学出版社，2018.